折射集
prisma

照亮存在之遮蔽

Martin Heidegger (Author) **Ingrid Schüßler** (Editor)

Hegel

当代学术棱镜译丛·经典补遗系列
丛书主编 张一兵 副主编 周宪 周晓虹

黑格尔

［德］马丁·海德格尔 著 ［德］英格丽特·舒斯勒 编 赵卫国 译

南京大学出版社

《当代学术棱镜译丛》总序

　　自晚清曾文正创制造局,开译介西学著作风气以来,西学翻译蔚为大观。百多年前,梁启超奋力呼吁:"国家欲自强,以多译西书为本;学子欲自立,以多读西书为功。"时至今日,此种激进吁求已不再迫切,但他所言西学著述"今之所译,直九牛之一毛耳",却仍是事实。世纪之交,面对现代化的宏业,有选择地译介国外学术著作,更是学界和出版界不可推诿的任务。基于这一认识,我们隆重推出《当代学术棱镜译丛》,在林林总总的国外学术书中遴选有价值篇什翻译出版。

　　王国维直言:"中西二学,盛则俱盛,衰则俱衰,风气既开,互相推助。"所言极是! 今日之中国已迥异于一个世纪以前,文化间交往日趋频繁,"风气既开"无须赘言,中外学术"互相推助"更是不争的事实。当今世界,知识更新愈加迅猛,文化交往愈加深广。全球化和本土化两极互动,构成了这个时代的文化动脉。一方面,经济的全球化加速了文化上的交往互动;另一方面,文化的民族自觉日益高涨。于是,学术的本土化迫在眉睫。虽说"学问之事,本无中西"(王国维语),但"我们"与"他者"的身份及其知识政治却不容回避。但学术的本土化绝非闭关自守,不但知己,亦要知彼。这套丛书的立意正在这里。

　　"棱镜"本是物理学上的术语,意指复合光透过"棱镜"便分解成光谱。丛书所以取名《当代学术棱镜译丛》,意在透过所选篇什,折射出国外知识界的历史面貌和当代进展,并反映出选编者的理解和匠心,进而实现"他山之石,可以攻玉"的目标。

　　本丛书所选书目大抵有两个中心:其一,选目集中在国外学术界新近的发展,尽力揭橥域外学术20世纪90年代以来的最新趋向和热点问题;其二,不忘拾遗补阙,将一些重要的尚未译成中文的国外学术著述囊括其内。

　　众人拾柴火焰高。译介学术是一项崇高而又艰苦的事业,我们真诚地希望更多有识之士参与这项事业,使之为中国的现代化和学术本土化做出贡献。

丛书编委会
2000 年秋于南京大学

目　录

否定性　从否定性出发与黑格尔进行的争辩

（1938～1939 年，1941 年）

Ⅰ. 否定性 虚无——失据——*存在*①

1. 关于黑格尔

我们试图以辩论的形式所进行的讨论,应该不会干扰黑格尔《逻辑学》讲座的工作进程。我们所力争进行的追问,同样也不想以那种"突发奇想的(einfallenden)反思之急躁",②从外面"侵入"(einfallen)黑格尔哲学之中,这种哲学必然是思想的某种体系,尤其是黑格尔式的,它无论如何都会令人反感,因此也必将毫无结果。

当然,黑格尔不应仅仅被我们看作为了进行某种哲学争辩的随意的动因或根据。他的哲学最终**立足**于思想的历史——或者我们更愿意说:*存在*(seyn)的历史中——是因为它提出了唯一的,但还未被理解的与之进行某种争辩的**要求**——这种要求针对一切思想,包括他**后来**的思想,还有那些最初只是一再想酝酿哲学——或许必然酝酿出哲学的思想。

尼采,非常迟钝而且到很晚才摆脱了从叔本华那里继承来的对黑格尔哀怨的诽谤和蔑视,他曾说,"我们德国人都是黑格尔信徒,尽管没一个人提黑格尔"③。

黑格尔哲学之所以独一无二,**首先**在于,不再有超过它的,**更高的**精神之自我意识的立足点。因此,与之相比,将来绝不可能再有某个立

---

① 副标题原文是:das Nichts-der Abgrund-das Seyn。其中"Abgrund"词典上通常标有"深渊""失足"的意思,其前缀"ab-"是"去掉"的意思,"grund"是"根据""基础","Abgrund"即"失去根基",本书翻译为"失据"。"Seyn"则是海德格尔一段时期自造的和"虚无"相匹配的"*存在*",本书不打算再用其他词翻译,为了和一般或传统意义上的"存在"相区别,用楷体标示。——译者注

② 黑格尔,《逻辑学》,拉松版,莱比锡1923年,第二版序言,第21页

③ 尼采,《快乐的科学》,第Ⅴ篇,357节,WW(大开版)第Ⅴ卷,第230页。

足点,还可能比黑格尔的体系的位次更高,之所以如此,是因为黑格尔哲学就其本身而言,肯定事先就已经在立足点上涵盖了所有先前的哲学。

当然,如果与黑格尔哲学争辩所必需的立足点真的与其本身相匹配,从本质上考虑,它同时就不可能是从外面搬来的或是被劝服的,那么,这个争辩的立足点虽然深藏在黑格尔哲学之中,却是作为其本身本质上不可通达的或漠不相关的基底。固然,我们绝不能主张说谢林晚期哲学的立足点比黑格尔的更高明,为什么这样,这里不再讨论了。①

因此,着眼于黑格尔哲学之立足点的独一无二性而与之进行的争辩,同样也处于独一无二的前提条件之下。争辩绝不与随便的某种什么"批判",即清算不正确性为伍,不以各种先前的,或者在此期间又重新复苏了的以前的立足点——比如康德主义或中世纪经院哲学或笛卡尔主义的立足点为尺度进行清理。

在与黑格尔进行原则性争辩时,我们还要思考其他一些东西,其原因在于黑格尔早已或一再为他自己和他的体系做出声明:他的哲学的立足点真正地完成了,以及,他的哲学原则贯通一切领域(自然、艺术、法、国家、宗教)而得到遵循和展现。按照黑格尔的说法,哲学不允许满足于被某些简单的新才智所"吸引";②原则必须展示于存在者之整体,这种原则要以此被证明为现实。"真实的思想和科学的洞见只能通过概念的劳作而获得,只有概念才可能产生知识的普遍性,这种普遍性既不具有普通的健全理智所常有的不确定性和贫乏性,而是具有有教养的和完善的知识,也不是非同一般的普遍性,因天才的懒惰和自负而趋于败坏的理性的规划——这种普遍性是草率的,而是已经发展到其自

① 见,讨论课,1937—1938 冬季学期,西方形而上学的基本立场。[有关讨论课的记录,将在全集第Ⅳ部分课堂讨论卷出版。]
② 见,黑格尔,《精神现象学》,根据 Johannes Hoffmeister 莱比锡 1937 年原版文本,序言,第 43 页。

家的形式的真理,成为一切自觉了的理性的财富。"①

当然,体系原则的拟定是否像黑格尔所要求的那样,对于一切哲学都适用,或者仅仅适合于德国唯心论体系哲学的形式,还有,这种改头换面的要求对于另外的一种追问意味着什么,这里无法讨论。而一种原则性的争辩,即旨在与黑格尔的原理或立足点的争辩,无论如何都面临危险,借助单纯的原理,恰恰把握到一些空洞的和不确定的东西,而不是所想要的哲学本身,甚至连那些都把握不到。

由此人们可能会推断出,某种适合于黑格尔哲学之整体而与之进行的原则性争辩,**只能**通过一条途径达到,那就是,在他的体系的所有领域中遵循黑格尔思想的每一步。

然而,根本上说,作为仅仅同一个原则一而再再而三地予以展示,尽管在一个接一个的领域(艺术、宗教)内一般性地具有穿透力和解释力,在这种情况下,还能达到别的什么呢? 这当然并非无关紧要——**但也绝非关键之所在**。而另一方面,不允许对空洞的原理和贫乏的体系框架做孤立的讨论,因为这样一来,**原理之原理性存在**就无法得以显现。

按照这样的考虑,任何与黑格尔的原则性争辩之成败,都要看是否**同时**或**同样**满足**两方面**要求,一方面,获得较原始的,而不是从外面侵入的立足点;另一方面,通过其规定性和规定能力原始地去把握原则性的东西,避免使体系原则空洞化,以及对其仅仅做形式化的讨论,这种讨论适合于通常的——历史的——**不是**由本质性的问题所引导的描述。

为了满足那两方面的要求,批判性的思考应该从何处开始呢? 黑格尔哲学的那个基本规定是什么,对它的深思熟虑要回溯到一个更加原始的立足点,因为只有从这个立足点出发,那个基本规定才可能真正

---

① 见,黑格尔,《精神现象学》,根据 Johannes Hoffmeister 莱比锡 1937 年原版文本,序言,第 57 页。参见,黑格尔 1816 年给 V. Raumer 的信:关于哲学普遍性的报告,WW ⅩⅦ,第 351 页以下。

作为那样的规定被发现？这个基本规定是怎样的,它是否同时仍适合于黑格尔体系所持续完成的工作?

我们断言:这个基本规定就是"**否定性**"(Negativität)。在我们转向进一步描画黑格尔的否定性之前,应来澄清几个先行问题:

(1) 对那样一种争辩之价值思考的说明;

(2) 在争辩中发挥作用的概念表达方式的确定;

(3) 黑格尔哲学立足点和原理的临时描画。

针对(1) 对那样一种争辩之价值思考的说明

人们可能会产生疑问,黑格尔哲学如今是否还具有现实性,以至于尽管它还是非常关注原则性的东西,但与之进行争辩,似乎却仍然只不过是一种流行的哲学史意义上的博学游戏,正如人们所言的"问题史的"**历史主义**——对作为某种过往之物的黑格尔哲学的一种回忆,在那里,各种各样稀奇古怪的东西都可以被获知,而这些东西,如果搞得足够细致的话,的确些许有助于理解力的增强。由于人们怀疑,那样一种历史主义是否更多地,或是否可能作为博学的研究,于是就有这样一种看法,说某种哲学的现实性在于其作用和后续影响。似乎黑格尔哲学如今之所以还是现实的,就是因为有黑格尔主义,并且实际上还有其各种各样的形式! 某种学派哲学产生,这些哲学复又促成某种"语文学"或**关于**所涉及哲学的博学,虽说这些是哲学的作用,但大多是无关紧要的;而这种作用还根本不包括所涉及的哲学**出于自身**或**本身**历史性的之所**是**。

黑格尔哲学的现实性同样不能按照其直接的、同时代的影响,对于当时的"生活"所产生的意义来衡量。我们在这里遇到流行的观点,黑格尔哲学及德国观念论通常总是少数异想天开的头脑的古怪思辨,"外在"于所谓的"生活"。与之相反的则说,全部德国唯心论,尤其是黑格尔哲学,发挥了一种历史性的作用力,其影响之广阔和限度,我们今天还根本无法估计,因为我们从其各个方面而没有从其本身去认识,所以被淹没了。可是人们必须知道,哲学的这种"作用"方式恰恰不在于接受其义理,如人们所言:"拥护"之,然后按照适当的配制,转送到所谓的"生活"实践中,由此得到证实并保持效力。哲学的"作用"本身神秘莫测,它,在其"时代"发挥着作用,恰恰招致与它自己对立的东西,并迫使其反对自身的暴动。简而言之:没有德国唯心论,尤其是没有黑格尔的形而上学,19 世纪和我们现时代的实证主义从来就不可能达到与之相应的顽固性或自明性。

尼采所扎根和被纠缠的时代,没有黑格尔是不可想象的;我们完全不谈马克思和马克思主义,其内涵当然要超过某种社会主义的表述。黑格尔的形而上学固然具有**仅仅**表面的现实性,更确切地说表现在,当今的黑格尔信徒乌合在一起,以便在黑格尔"具体"思想的名下兴风作浪。黑格尔如今仍然到处起作用,但总是以转变或伪装,或转而反对这些转变或伪装的形式发挥作用。两个教派的基督教神学都通过黑格尔得到规定,或更多地通过由此生发的宗教史意义上的与神学相反的运动,或通过教会意识①的各种形态得到规定。

而尽管,他的哲学的**这种**现实性还是被理解为其特有的历史性的效用,但这并**不**构成这种哲学作为哲学之**所是**、**仍是**和**将是**的东西。因此,我们绝不是要思考一种可能是"正确"的格言的超时间效力,人们喜欢在与之并列的大量不正确的、错误的或失效的论断中寻找这种东西。毋宁说,我们所意指的"仅仅"是这一点:这种哲学**存在着**——哲学要思考的东西,**在这里**以突出的方式**被思考**;这里发生了某种事情,不在"时间"之外进行,而总是具有它自己的时间,总是原始地以时间为根基。我们不能或绝不能以**历史学**(Historie)的尺度来衡量某种哲学的**历史性**(geschichtliche)存在;对于所谓生活的作用或效力,绝不是评判一种哲学的可能的视点,因此也同样不是评估与之争辩的价值的着眼点;因

---

① "破产"——"辩证的神学"。天主教神学:岔路口——弗莱堡时期的研究。

为一切"生活"以及人们这样称道的东西,只能依靠**对**哲学的错认和背离来"过活"——对此只能这样说,生活必然或以一种非常尴尬的方式需要哲学。而哲学从来都不可能因为某种贫乏而使自己**远离**生活,而且一定对这种贫乏之必然性有所了解。西方哲学之**所是**以及它**如何历史性地**存在着,这些不可能通过历史学的考虑或思索来决定,而只能听任自己切实地在哲学的思考本身之中来体验。

针对(2) 在争辩中发挥作用的概念表达形式的确定

哲学就是**西方哲学**——就西方或西方历史之所是的本质,通过哲学通常所意味着的东西规定而言,根本就没有不同于西方的哲学。在那种情况下,在放弃把哲学的所有书本概念和所有历史说明当作一种文化现象的情况下,我们去领会:对存在者本身之整体的思考,简言之——但又同样不确定,因为多义——**对存在问题的追问**。

"存在"是哲学的**基本词汇。我们**就这个词本质的,也就是说,同样是最初的、历史性的意义所指称的"存在",对于黑格尔来说意味着"现实性"(Wirklichkeit)(见,下文)。为什么在黑格尔那里恰恰采用**这样一个命名**,这根源于西方哲学之**历史**的**最内在**的本质之中;为什么如此,我们将通过讨论予以说明。

与之相反,**黑格尔**用"存在"一词所描画的,我们称之为"对象性",这个名称完全适合黑格尔本人**同样**所指的意思。但为什么他要把这个"对象性"称作"存在"呢,这**又是一次**绝非任意的命名。它们源于哲学立足点之必然性,**黑格尔本人**必然遍历并随之确定这立足点,以便为**他的**哲学奠基。

黑格尔的"现实性"概念

(根据《法哲学原理》序言,在《逻辑学》中:**绝对理念**;在《精神现象学》中:**绝对知识**,而同样也是"存在"。)

现实性:作为绝对理性的被表—象性的存在者性质。理性作为绝对知识——无条件地自行表—象着的表—象活动及其被表—象性。

只有据此才能决定，"合理的"是什么，以及什么才可能被视为"现实的"。由此出发，我们才可以理解黑格尔经常被引用又经常被误解的话：

> "凡是合理的，都是现实的；
> 凡是现实的，都是合理的。"①

如果人们把"现实的"理解为通常"实际的东西"，即现存的东西，一种偶然"在场"，并把"理性"理解为普通思想不言而喻的偶然理智的话，那么，这句话将转化为其对立面。

这句话并不是一个将某种所遇到的现存之物，与某种"理性的"生物，又名"人"所刚好明白易懂的意见等量齐观意义上的论断——毋宁说，这句话是**存在之本质规定**的原则。存在是无条件自行表—象着的表—象活动（思想）的被表—象性——理性的被觉察性（Vernommenheit）。这句话不是关于判断存在者的老练的规则，而说的是**存在者之存在者性质**的本质根据。因此，这句话也不是要反驳说，大量"合理的东西"(在日常[？]意义上)恰恰不"发生"或"实现"，所以缺席，而大量"现实的东西"却恰恰是"不合理的"（在计算理智的意义上）。**本质原理**根本就不能去"反驳"。

因此，在思考存在者本身之整体的追问存在的意义上，对于黑格尔来说，"存在"，**只是哲学**，同样也是黑格尔哲学所思考和询问的东西："存在"的**一个片面的**规定。

顺带说一下，**尼采**同样在一种**受限制的**意义上使用哲学的基本词汇"存在"，更确切地说，是与黑格尔最内在的**同源的**限制；这不是因为

---

① 黑格尔，《法哲学原理》，序言，WW，第 XIX 页（Hoffmeister 版，第 14 页）。

其按**历史顺序**直接采纳了黑格尔的惯用术语(我估计,尼采从未"读过"黑格尔的《逻辑学》,更谈不上透彻思考),而是因为两者——尼采的和黑格尔的——受限制地对"存在"一词的使用具有**历史性的相同**缘由。那无非就是哲学之历史的开端,也就是说,其迄今为止作为"形而上学"之本质的开端。

因此,在与黑格尔进行争辩时总是要去思考,无论我们指的是**黑格尔的**存在概念还是**本质性的**存在概念。具有其深远而广泛的重要意义的事情是,黑格尔把"虚无",即通常被当作存在者一般或整体之否定的虚无,与**被限制**地理解的"存在",带进了一种决定性的关系之中——这里的问题完全不同于仅仅"术语的"区分,这件事无须进一步强调。

针对(3)黑格尔哲学立足点和原理的临时描画

a)"立足点"意味着哲学处身之所,意味着有待思想者本身得以通达其思想的地方。黑格尔的立足点是**绝对观念论**的立足点("观念论"真正的,特别是在近代的意义上:idea als perceptum der perceptio als cogitation[作为思想的把握活动之中的被把握者的观念]——作为"意识")。立足点一般是**意识**的这类立足点。存在是表—象活动,或表—象活动的被表—象性;是无条件的主体性。

b)"原理"意味着哲学发端的地方,或者说,**开端**是那种一直作为有待思想者的思想之承载基础的东西。**黑格尔的原理**原话是:"实体即主体";或者存在(现在要从本质意义上来理解)即"变化"。如果对黑格尔来说**变化**恰好就是开端的话,那么他就从开端处开始。"变化":自行表—象着的表—象活动,自行—达于—显现。在《逻辑学》中,作为变化者的变化本身,也就是说,通过其无条件的条件导致变化。然而,这变化是"开端"或所有开端的绝对规定,还是说,仅仅是黑格尔的,即形而上学的开端呢?对开端之**本质**的解释从何说起呢?黑格尔真正的哲学,《逻辑学》——从哪里开始呢?从"变化"开始——这才是"根据"。绝不是"存在",这变化是**起点!**——变化"存在着",通过"变"而在。

c)"立足点和原则"在何种程度上共同归属且共同归属于何处,必须通过思考确定的立足点和原则给出答案。

在简短讨论这三个先行问题之后,我们尝试着进一步描画我们的争辩扎根之所在——**否定性**。

2. 概览①②③

1. 黑格尔哲学"立足点"和"原理"的规定;"立足点"和"原理"的概念。**立足点**:绝对观念论,绝—对的概念,ego cogtio certum(我思考确定者)的无条件性。**原理:实体性即主体性**。"**存在**"作为绝对知识之"**变化**"。

2. 黑格尔的"否定性"的标志是作为意识的**差别**。第一个问题:这种差别是否取之于作为本质的**意识**,或者说,差别作为标志是否被用以规定意识(主体—客体—关系),或者说,两者是否是一回事或为什么如此?

3. 否定性以他在(Anderssein)的形态说明:某物和他物。他物作为他物的他物。

4. 否定性为什么不从黑格尔的虚无出发而得以规定,因为它确实似乎是虚无性(Nichtheit)的"化身";**虚无**与存在是同一个东西——两者不作为有差别的东西;这里还没有差别,没有否定性。

_____

① 见,对《什么是形而上学》的补充和附录。[将在全集第Ⅳ部分的某一卷:《对已出版著作的提示》中出版。]

② 见,《贡献》[马丁·海德格尔,《对哲学的贡献》(论 Ereignis)1936—1938 年,全集第 65 卷,F.-W. von Herrmann 出版,Frankfurt a. M,1989 年]。

③ 见,《存在》[全集,第Ⅲ部分],见,《哲学作为争—辩》[全集,第Ⅲ部分],见,《黑格尔讲座》[全集,第 32 卷]以及关于《精神现象学》《逻辑学》和《法哲学》的研习[全集,第Ⅳ部分]。——见,《对谢林讨论自由的重新解释》,1941 年。[经过审查的手写附录,1941 年——见,全集,第 49 卷,第 105 页及以下。]

5. 黑格尔的"存在"概念发源于绝对现实性之**拆—除**（*Abbau*）[①]——与这种绝对现实性最极端的差别物。它是最极端的外现（Entäuβerung）！而绝对的现实性就是意志。

6. 绝对的现实性(较宽泛意义上的存在)出自反对系统地(按照体系标准)论证存在和存在者之差别的**取—消**（*Ab-sage*）[②]。这种取消(废弃的圆满完成)出自差异之遗忘。遗忘出自差别之中最习以为常的习惯。这里拆除必然出自这种取消；这种取消在于绝对和一般形而上学之本质，它们始终与这种取消之践行一道存在或发生。

7. 这种取—消是无条件思想之可能的绝—对性的本质性的前提条件。

8. 由此出发，我们察觉到了否定性在绝对肯定性中的完全**融化**。否定性是无条件思想的"能量"，因为它从一开始就已经奉献出了一切否定或虚无性的东西(Nichthafte)。关于"否定性"之起源的问题是毫无意义和根据的，否定性不成问题。否定性作为否定之否定，基于对无条件的**自我意识**——作为"真理"(即存在者之存在者性质)的绝对确定性之肯定。

9. 否定性不成问题，是**思想**之本质不成问题的结果。

10. 思想作为存在者之表—象着的规定之实施(作为自行表—象活动)，作为存在之解释的视域之先行给予(觉察性——在场性——被思想性)。

11. 思想的自明性在**思想着的动物**的意义上作为人的本质标志。存在者之存在者性质自笛卡尔以来，本身就成了表—象活动。意识就

---

① Abbau 的意思是"拆除"，海德格尔将其拆分为 Ab-bau。bauen 是"建造""构造""结构"，"ab-"是否定性前缀"去除"的意思，意在说明现实性某种意义上是拆除现存事物，通过"拆"而"建"的否定性。——译者注

② Absage 的意思是"消除""拒绝"，海德格尔将其拆分为 Ab-sage，与将 Abbau 拆分为 Ab-bau 对应。——译者注

是自我意识。

12. 否定性不成问题的特性和关于**人与存在**(不仅与存在者)之关系的问题。"**人神同形同性论**"之真正的问题。

13. 存在不能从存在者探问出来或**针对**这个存在者的存在者性质,而是本身返回其真理。**存在之空敞**(Lichtung)——在"我在存在之光中把某物表—象为某物"的意义上,通过思考还未被把握的思想之统一的本质而被指明。空敞作为失—据(Ab-grund)——虚无——不是一无所有,而是真正的要义之所在,即**存在**本身。

14. 存在不同于存在者。将存在和存在者之"关系"标画为差别的可疑性。克服可疑性的开始:存在之筹划,而筹—划就是**在此—存在**(Da-sien)。

15. 否定性对于形而上学思想来说,只能被湮没在肯定性之中;虚无就是**存在**深不可测的**反面**,但是是作为**其本质的这种反面**。**存在**本身的唯一性;**存在**之"有限性";这样标画有表面性和易误解性。

16. **思考**虚无意味着:经验**存在**之真理或经验存在者整体之急迫。思考虚无不是虚无主义,虚无主义的本质在于,通过徒劳无益地对存在者实施阴谋诡计①而遗忘虚无。

17. 对存在者之阴谋诡计的统治最可靠地表现在,形而上学作为这些阴谋诡计的根据,通过其完成而将"存在"贬低为空洞的空虚性(Nichtigkeit)。**黑格尔**:"虚无"作为单纯的不确定性或非中介性——无思想性(Gedankenlosigkeit)本身。**尼采**:"存在",如饥似渴的实在性之最后的迷雾。

3. 变化

1. 作为**非—持存性**(Un-beständigkeit)——持存性之否定,这是多

---

① (摆—置!)(Ge-stell)[F. H.抄本中后面的边注]

义的:a）失去持存性——简单地流动或消逝;b）持续地转变;c）作为本源之**持久性**(Ständigkeit)(!)的不安。

2. **自我实现**(Zu-sich-selbst-Kommen)①——作为变化的绝对知识(自由!)。由于变化(直接之物的否定)就是知识,而现实性就是被思想性,所以这变化必须**被**思考,只能通过思考自身而"是"其所是。而为了**无**一条件地去思考自己,变化本身必须最极端地外现它自己(成为纯粹的存在)。这种外现自己只是为了真正地或唯一地赢得自身,并**通过赢得而拥有**,通过拥有而"存在",也就是说,依其本质而去"**活动**"。首要的东西,所变成的"什么",就是**变化**本身。变化是自我实现之不确定的直接的东西。

3. "存在"作为不变性;古典的;基督教的:奥古斯丁,De sermone Domini in monte(《论我主的登山宝训》)Ⅱ, 7, 27②;De trinitate(《论三位一体》)Ⅴ, 2, 3, Ⅰ, 6f.③;De moribus Eccles. Cath.(《论公教会之路》)Ⅱ, 1, 1④。

4. 否定性和"虚无"⑤

1. "**完全抽象的**"、无概念的(无—"思想的",形式的)**虚无性存在**(Nichtsein)(逻辑学的开始)。**完全的**抽象,就是说,甚至还抽离于**最初的抽象**(ersten Abstraktion),抽离于直接的、不确定的表—象活动——

---

① 字面意思是"去—达到—其—自身"。——译者注
② Patrologiae Cursus completus.(《教父著作全集》)Series Latina, accurante J. -P. Migne Tomus ⅩⅩⅩⅣ. Sancti Aurelii Augustini Opera omnia,(《圣奥古斯丁全集》)Paris 1861. Tomus Ⅲ, 1. De sermone Domini in monte(《论我主的登山宝训》), liber Ⅱ, cap. Ⅶ, n.27.
③ a. a. O. , Tomus Ⅷ (Patrologia ⅩLⅡ). De trinitate(《论三位一体》), liber Ⅰ, cap. Ⅶf.; liber Ⅴ, cap. Ⅱ, n.3.
④ a. a. O. , Tomus Ⅰ (Patrologia ⅩⅩⅩⅡ). De moribus Ecclesiae Catholicae et de moribus Manichaeorum(《论公教会之路和摩尼教之路》), liber Ⅱ, cap. Ⅰ, n.1.
⑤ 见,黑格尔的存在概念。[见下文第8节,及后面第15、16和18节。]

其被表一象的东西仍然还要通过其被表一象性而确立,也就是说,通过**不—否定**(Un-negiert)而确立,这种完全的抽象就是纯粹"虚无"。

2. 抽象的否定性:a)最初的否定(有条件的);b)"第二次"否定——交替地停留在主体—客体—关系中。"第一次"否定就已经把主体和客体相互区分开来,而且**每个**方面都是有条件的。

3. 具体的否定性——无条件的。作为(a 和 b)的"否定"之否定。"虚无"——作为存在者之无。"虚无"——作为存在之无。

否定性必然——似乎就是这样——以其**最纯粹和最明确**的形式遇到"虚无";情况确实如此,只是问题在于,就此而言应如何去把握"虚无"。

黑格尔的"虚无":最初的真实,也就是说,更宽泛意义上的"存在者"就是变化;这就是作为差别的存在与虚无的差别,无差别的差别。虚无与存在不是不同的,不是它的他物,而是**同一回事**。为什么?在何种程度上?这都基于对存在的解释。因为虚无绝非**有差别的东西,**而否定就是"差别",所以,否定性在"虚无"那里恰恰不明朗。那么在**存在**方面如何呢?但这是**同一回事**,所以反过来,也就是说,**出自否定性**的存在,虚无与之是同一回事。**而在这种情况下,否定性**之"本质"或许显露出来。

5. 否定性和他在

某物和他物:于是,某物变成他物的某一物,而他物变成某一物的他物。差别在每一方都是**片面的**和有条件的。

只有当他物的某一物变成他物的他物——当某一物变成他物——时,**诸差别**才不被片面地对立起来并同时被弱化,而是在交替的共同归属性中交替地提升为其**"根据"**(Grund);它们失去了**制约**(Bedingnis)的可能性,**本身变为有条件的**(Bedingten)。[①]

---

① "bedingen"是以……为条件、制约、限制的意思;"bedingt"既可看作形容词,也可看作"bedingen"的被动式,意思是有条件的,受制约的,有限的,被限制的;"bedingten"是将"bedingt"名词化。——译者注

无条件的否定性就是那既不被某一物也不被某一物的他物，也不被他物的他物所制约的东西，而是说，它从两方面脱离并首先把它们**约束**在其交替关系中。

三或四个否定的东西：意识——本己——绝对知识。

绝对否定性：1. 是最初的或抽象的东西的**提升，还是**这些东西的根据？2. **如果是根据，那从何而来？**

绝对否定性为什么从某一物或他物（他在）出发，而不是简单地从"**虚无**"出发，而虚无的或**否定的东西**可以说显然是虚无的**化身**？

6. 否定性和他性

最初的否定——抽象的否定。绝对的否定——否定之否定。

他性——这里是作为他物其自身的本质。这种本质不是**与某一物**差别的他物的他在，这种差别将两者彼此分别。他物其本身就是**对于他物**的他物，或者说，这个他物属于作为其根据的他自己，但仍然还是有所差别。他物的他物保持**与他自己**的差别。

绝对的他性——无条件的自己与自己本身相关（Sich-auf-sich-selbst-Beziehen）。

7. 否定性—意识差别—主体—客体—关系和真理的本质

真理的本质是什么？**从何而来或如何发生**？

人的本质：为什么或在何种程度上作为根本性的问题提出？**从何处去规定人的本质？如何去规定？**这种规定本身**通过什么**来规定（**被感应！**）？为何"感应"（Stimmung）？

Animal rationle（理性动物）的 ratio（推理、理性）和 νοῦς（努斯）意

义上的**有意识的**—存在①(Bewußt-sein)(作为主体—客体—关系的 ego cogito[我思])和**思想**。

黑格尔的"否定性"恰恰**不**通过虚无及其与"存在"的同一性来把握；因为这里没有"差别"。

"虚无"本身——压根**无思想的东西**(Gedankenlose)②或仅仅在无条件思想(因此来自本质意义上的**存在**)范围内的这种无思想的东西。

存在与虚无没有差别——但尽管如此,存在还是一种"**有差别的东西**",**自身之否定**的"否定的东西"。什么样的一种东西呢?

8. 黑格尔的存在概念

作为**未—规定的、未—中介的东西**(Un-vermittelbare),更准确地说:**它是全然未—规定性和未—中介性的**。那就是"存在者"或**仅仅**存在者本身;这个存在者被称作**虚无**——作为仅仅存在着的东西的存在者性质。

存在者所**不**是的,就是"虚无"。(但任何虚无都只是非—存在者吗?)而存在者对于黑格尔来说是无论如何都是被规定的或被中介的。

没有哪个存在者或**从来没有**哪个存在者也"是"存在;因此,存在是未被规定或未被中介的,存在作为存在者性质被思考,未规定性和直接性。

虚无(作为存在者之无)在这里不与存在相区别;这种存在本身就是虚无,所以并没有差别现存在那里——就是说,在作为存在之存在者性质的有待思想的被思想性范围内,并不是本来就有差别。尽管如此,

---

① "Bewußtsein"就是"意识",海德格尔在这里将其拆开写作"Bewußt-sein"。"bewußt"是有意识的、自觉的、清醒的意思,"Sein"就是"存在",这和他一贯把意识看成一种存在,并强调存在之优先性的思路一致。——译者注

② "gedankenlos":无思想的、茫然的、空虚的;"Gedankenlose"是其名词化:空虚的、无思想的东西。海德格尔强调"虚无"因空虚而不在思想范围内。——译者注

差—别还是摆在面前,绝非任意的而且也不在"这里",不在这开始时露面,在这里毋宁说只是最低级的"显示",也就是说,在黑格尔的意义上掩盖着,并且绝不可能**作为**那样一种差—别而突显出来,因为思想不需要它,即,在其变化的范围内不需要它,差别从变化才开始。虽说如此,**作为**被思想性之思想的思想无论如何都需要这种差别,即存在者**和**存在的差别。这种"差别"把无条件的思想甩在后面,或者说,它从不让自己降格为无条件思想,而它却依赖于思想,尽管只是以尴尬的取消的方式——可这种方式,却恰恰不允许无条件的思想违背。但这种方式必然从它那里滑脱,因为无条件思想通常在最高的或完整的意义上,其无条件性之整体必然再度变成有—条件的(be-dingtes),被**那个**"物"所制约(bedingt),物在这里意味着:**存在者之整体**。

对于一切根本性差别的这种取消是这样来表述的,黑格尔说,存在和虚无没有区别。然而,这种根本性差别在《存在与时间》(见,27年冬季学期讲座)中以"存在论差异"的名称出现。[①]"否定性"在这里起什么作用呢?(与"**某物作为存在者**"中的"作为"如何关联在一起呢?)

不顾思想和被思想性之无条件性,这里(宽泛意义上的)存在作为存在者性质,同样也置向**存在者**。《逻辑学》同样还是,当然也**想要**成为:**形而上学**。

只是,同样的关系现在似乎被颠倒了——那种关系从作为形而上学(在柏拉图那里)的思想之历史开始时就有了,并真正构成其开端(存在者整体与存在之差别),但只是"似乎",因为只有从近代思想出发才存在着颠倒,就存在者整体通常被理解为"客体",而"主观东西"(作为

---

① 出版者注释:"存在论差异"这个术语来自《存在与时间》最开始的两个章节——这个术语只在当时"存在与时间"的标题下出现过——之前没有。毋宁说,这个术语最初是在马堡1927年夏季讲座《现象学的基本问题》中被提及的(全集第24卷,第322页及以下),海德格尔在那里(第一页)的一个注释中将之标明为《存在与时间》第Ⅰ部分第3篇的重新起草。

存在的被思想性)"似乎"湮没在自身之中而言;在形而上学之历史终结的时候,主体性作为无条件的主体—客体—关系,将一切都以思想的方式扣留在其被思想性之中。

但存在本身从开始时就根据存在者之整体的性质——φύσις(自然)——被历史性地把握为**最具存在性的存在者**(das Seiendste);而存在者之整体最终应该融入作为无条件思想之被思想性的纯存在之中,任何只盯着某个"存在者"的做法都被认为是背弃。

9. 黑格尔的绝对否定性直接探问其"本源"

这个问题是可以决定的吗?它究竟是一个问题吗?黑格尔的**否定性**毫无疑问地就是思想或被思想性的那种否定性吗?"思想"还是"虚无"?

意识—差别—主体—客体—关系—思想;"我思某物",而这是先验的,即"作为"。

思想作为存在的思想(存在者的存在者性质)。

思想(在近代)同时是意识**和**差别。但在什么意义上?**意识**和**差别**并举意味着什么?

思想:

1. 对存在的**思想**(νοεῖν)(觉察、理解)——作为存在者之存在者性质的补充方面的先行—思考("作为");

2. 对**存在者的思考**(διανοεῖθαι)(思考)——陈述活动,判断活动("作为")。

第 2 点和第 1 点的关系如何?第 1 点仅仅是第 2 点的一般化吗?"思想"之最开始的本质。

10. 黑格尔的否定性

如果真正的否定性——绝对否定性——不是从抽象否定性简单地

增高或增加为另一种,而是本质性的否定性,作为绝对现实本身的"能量",那么,抽象否定性反过来必然"发源于"无条件的否定性。但这无条件否定性从何而来呢?虽然不可能有什么外在于绝对知识的**来头**;于是就更有必要因此而追问其内在于绝对理念的**来头**。而这在绝对理念之内真的并不重要,这里首要问题的是:"**意识**"(简而言之)作为**我表一象某物——或者说"区别"**,它把这种表一象关系描画为**差别**。

但假定,意识和区别同样原始,于是问题就成了,它们在何种程度上是这样的,进而如何原始地去把握否定:作为"**去面对**","无"通过这种"面对"方可作为"形式的"——或者说,作为**形式的区别**突显出来,形式的区别才首先使面对的关系得以可能。

否定性是如此本质性和决定性的普遍,它**和绝对理念本身**一样"是"如此的不成问题,而它的本源却仍然是如此的隐秘。

或者对于黑格尔来说,**意识和差别**本就已经被完全相提并论? 那么这种并置意味着什么?

"意识"——作为主体—客体—关系(差别作为主体对客体的自行区别)。对某物**作为**某物的表一象活动,这个"作为"是在**差别**的意义上。它是什么样的一种差别呢?

存在之筹划! 筹划和区别。

这里到处都出现**形式上的**"无"或"不"之本源及其**地位**的问题。康德?

形式的"无"和不;不和否定。什么样的言说——判断——思想? 无发源于思想吗? 思想是什么? 或者说,只有"思想"才能理解"无"吗?

否定性源自何处? 从何处**最纯粹**地去把握它呢? 在开端处吗? 在**存在与虚无中**吗? 当然,这没什么**差别**。当然没有。这里的存在不是与虚无不同的另一个东西,而存在或许是最无条件的或与绝对现实性最为根本不同的事物。所以,存在本身是**最无条件的区别**;不是与"虚无",而是与绝对现实性相区别。

1. 根据在于绝对否定之完全彻底的否定(意味着什么?);取消了一切规定和中介。而绝对否定的这种**完全彻底**的否定**从何而来**呢?完全否定意味着什么呢?无条件**可起变化**(Entwerdenbaren)**或起了变化的东西**(Entwordenen)**之完全起一变化**(Ent-werden)。

2. 与存在和绝对现实性一起,此外还有或本来就有**存在者与宽泛意义上的存在**(范畴)**相差别**。[①] 存在同时发源于绝对否定性之**完全的否定**,以及与一般存在者之**完全的差异**。**这些否定来自何处**?何故**出于绝对的或伴随着绝对的否定性**?

存在:

1. 由于绝对否定性的**拆除**(否定);它们被**遗弃**(一切规定或中介,即一切区别之"不");

2. 绝对现实性,其能量来自绝对否定性,本身出自对存在者的**取消**,更准确地说:对存在和存在者之差别的取消。

拆一除(*Ab-bau*)**和取消**(*Absage*)——它们在黑格尔**形而上学**的光芒中是什么呢?指明这些难道不是一种**侵入**吗?还是说,体系在本身"真正"之所是中或通过本身"真正"之所是而内在地确立(不是反驳)?

*

否定性作为分裂或分解就是**"死"——绝对的主人**,[②]而**"绝对精神的生命"**无非就意味着**忍耐**或**打发死**(但绝不可把这种"死"当真;不可能 χαταστεοφή[毁灭、终结],不可能破灭或崩溃;一切都被包容或敉平,一切都**已经无条件地**得到了确保和安顿)。

哲学作为**绝一对的**,作为**无一条件的**,必然以特有的方式**在自身中包含否定性**,而其实却并**不认真**对待否定性。**脱一离**(los-lösung)作为**保留**(Behalten),所有一切完全和解——根本没有虚无,一切看起来都

---

① 见,黑格尔的存在概念。[见上文第 8 节,第 19 页及以下]。

② 黑格尔,《精神现象学》,根据 Johannes Hoffmeister. Leipzig1937 年初版文本,第 148 页。

确实处在最佳状态。虚无就"是"虚无或什么都不**是**。

拆—除和取消是绝对的"开端"。这种"否定"本身,以其特有的方式,是主人吗？为什么？还是说,它们是绝对所**隐瞒了**的东西,或许绝对同样可能对**自己隐瞒**？

两方面具有**怎样的本质**？它们如何一起共同归属？

拆除(*Abbau*)——绝对变化(*Werden*)与**起—变化**和(Ent-werden)**起了变化**的东西(Entwordene)**最极端的区别**。

取—消(*Ab-sage*)——(先验的取消及其扬弃),两者和"**存在者与存在**"的本质"**区别**"毫不相关。究竟是一种"区别"呢,还是说,仅仅可能被当作临时名称,即突显的而同时又趋于遮掩的名称。

取—消——不是针对存在者,而是针对"差别"。

关于**存在之思想**的问题每次总会出现;无论是本身简单地被接受或基于自身被提出,还是彻底地践行其可能性,彻底实现其特有的本质。

思考"**思想**"的不同道路。

11. 回顾

1. "否定性"之"**本源**"问题在黑格尔那里,也就是说,在西方形而上学本身中。关系到黑格尔的问题:要么是用来应急的权宜之计(形式逻辑,或者说,通过"**差异性**"以其三一式标画绝对思想——形式的),**要么出自意识**。但整体上讲**每次都出自"思想"。这个问题的范围之宽泛和空洞及其当时**所指示的基本立场,参见康德关于虚无的论述。[1]

2. **思想**和形而上学,存在者性质和思想。思想——形而上学作为"引线"所要求的——没有什么出乎其外。开端就在这里,绝非侵**入**(*Einfall*)!

---

① 康德,《纯粹理性批判》,A290 页及以下,B346 页及以下(反思概念之歧义)。

3. 思想——判断(是、存在)——否定。黑格尔的判断概念："概念"的分配，即对立，与其本身对立并使其在"统一"中联合——"是"思辨的！对于澄清否定性之本源来说，通过与"判断"扯关系，在何种程度上没什么希望。

4. 存在和存在者作为**现实的东西**——"现实性"和"**理念**"——actualitas(现实性)。

5. 存在与时间。

12. 否定性

黑格尔将"差别"(ἀνάλυσις/σύνθεσις)(分解/混合)设定为否定性，还是相反？

而**差别**是自我与对象的**自行**区别，更确切地说，这种自行区别只不过是一种——最近的、直接的——走向或离开……

差别是绝对知识本质性的**三重自行区别**，也就是说，是作为吸纳诸差别的**与自己本身**相关(Sich-auf-sich-selbst-beziehen)。

这种**差别**，就其恰恰**肯定**差别作为归属于某物的他物，于是某物本身才会变成他物而言，就是绝对**否定性**这个"**无**"真正地，也就是说，恰恰以其无条件认识**自己**的完全可知性，无条件地表—象着占有可知的东西。

于是就产生了如下几个**基本问题**：

1. 在像"无"那样的东西的意义上，这里的**否定性**仅仅是**一种形式上用来描画**绝对知识本质性的三重差别的**权宜之计**吗？如果是，那么，**从何处来把握**否定性本身(通过"思想"的"判断"；或这种[A"是"b)?]有什么理由来这样利用这种判断？

2. 还是说，**绝对**我思的那种差别性及其确定性，就是否定之可能性的自明根据的？如果是，那么，在何种意义上或有什么理由或在何种程度上，"无"因此而是有根据的？(**根据**：内在可能性的来源)从自我确定性或从 ens verum und certum(真的和确定的存在者)作为被表—象性的存在者性质开始意味着什么？这里同时包含进一步的问题：

3. 无(Nicht)或否定性(无性和不性)——按照 1 或者 2——与**虚无**(Nichts)的关系如何？虚无与存在的关系如何？("是的"作为同意或赞成,作为肯定。)

否定性依黑格尔一定是在第"2"种的意义上来理解的。

分别(*Das Scheiden*)是"绝对的力量",[①]"一切活动最内在的源泉";[②]有力的东西就是现实的东西,而现实就是**绝对**知识,作为认识自己的知识。

但这里的**分别**不可以被当作只是具体的差别——这样的差别是抽象的或非本质的——只能说是作为**绝对意识之本性的分别**。而如果这种分别是真正的存在者,那么,**分别**——"**无**"——就属于本质意义上的存在(存在者性质)。"无"和**意识**是**同等原始的**。

差别之分别每次都使有差别的东西之贫乏(表—象活动的贫乏)显现出来;而缺乏向来都仅仅是片面地背离绝对知识之绝对地占有自己。这种知识作为知识,即作为思想—运动之**践行**,当然只是其所是。

否定,缺乏者之缺乏,是运动着的东西,不是简单的**离弃**,而是**错过与之共同归属**(Fehlen-Mit-dazu-gehören)。因此,**否定的东西**归根到底就是绝对自我意识之本己。否定是(**绝对**)思想的"**能量**"。[③]

分别是"绝对的""分裂",但只就其被忍耐或**在其自身中保存着**绝对精神而言(不是未被中介的或非—中介着的互抛)。绝对知识是分裂中的自我保存,就是"**生命**"(Leben)。

否定性因此同时就是扬弃。绝对的震动——所有一切之绝对的震

---

① 黑格尔,《逻辑学》,拉松版,莱比锡 1923 年,第二部分,第Ⅲ编,第 214 页。
② 黑格尔,《逻辑学》,拉松版,莱比锡 1923 年,第二部分,第Ⅱ编,第 33 页。
③ 黑格尔,《精神现象学》,序言,第 29 页。

颤。死是"绝对的主人"。[①]

精神**在否定那里的逗留**(不是掉转目光)使虚无的东西倒转到"存在"中。

13. 区别(分别)

简单的差异性——某物从他物**离开**或仅仅**离开**。差别作为摆脱、使废除、忽略。

差别——"共同的东西"、同一的东西恰恰被留住的地方,**有差别的东西**与之相关。

吸纳——有差别的东西本身只是作为共同归属性中**扬弃**的开端。

决定。

14. 否定

否定对于黑格尔来说就是"差别"——我**思**某物——理智之思——**分别**——绝对力量。这种否定——对于我和对象运动着的东西。[②]

这种否定,即**意识**本身——完全不顾其知识的对象之所是。是客体还是作为认知者(主体)的它本身,还是,思维——认识着自己的知识。

从根本上统治一切的是**差别之否定**。否定——否认——消——灭——毁灭——崩溃。

那么,**否定性之本源**何在?

"意识"如何以权威的、承载或包含着一切的优先性出现?

难道否定、有差别的东西"早就"作为意识——还是相反? 还是说,两者是一回事。

---

① 黑格尔,《精神现象学》,序言,第148页。

② 黑格尔,《精神现象学》(Hoffmeister 版,1927 年),序言,第25 页及以下,第29 页以下。

那么"无"之根据何在？——我思某物。

15. 存在与虚无

无之本一源——本一源中的无。

存在者的无——存在(而非虚无)。

存在的无——本源性的虚无。

存在"的"无——在主语属格的意义上。存在本身是虚无性的,本身就包含虚无。

区别——分别——因此而设定,就其基于可区别的东西的可区别性而言,这种可区别东西就是存在(无论怎样解释),而无或虚无在先。可是,面对黑格尔和一般存在的近代解释(ens＝certum)(存在者＝确定者)可以这样说吗？问题不在于,这种区别是否基于存在,而是这区别本身如何被把握或筹划。而如果被表一象性属于存在之筹划,那么,它难道不是出自表一象活动(思想),所以出自区别,存在中的"无"吗？

但区别从何而来？如何区别？思想——思想之本质——作为践行;作为筹划。筹划和筹划之开放性从何而来？

否定性和虚无。

虚无和问题:究竟为什么存在者在而不是无？形而上学的问题,存在者的优先性基于这个问题的特性。

虚无和根据的本质。根据——真理——存在。

虚无和"虚无主义"。

16. 黑格尔较狭义的"存在"概念
("视界"和"引线")

存在理解为未规定性和直接性。(黑格尔说:"存在是未规定的直接的东西"①,这只能表明,他把存在和存在者在一般日常意义上——按照形而上学的习惯,特别是根据观念论的思维方式——相提并论。)

对存在的这种理解表明:存在之解释的视界是规定和中介,更确切地说,是作为中介活动的规定活动,即无条件思想意义上的思想。存在是这种思想的被思想性,就此而言,存在现在是从**较宽泛**的意义上来理解的;较狭义的"存在"是无条件的(或者彻头彻尾有条件的?)**未一被思想性**(Un-gedachtheit)(全然无思想性!),因此是思想之**完全的遗弃**(无思想)。而如果按照基本立场,即通常只有思想可以被视为关于"**某物**"**的表一象活动**,那么丢弃思想就**绝非表一象活动**;从思想方面来考虑——**仅只**从思想出发来看——就是纯粹的空无。

因此,黑格尔的存在概念处于**完全特有的前一设**②之下(即被思想的视界下),而这前设同样是西方形而上学的前提;但这前提再次表明了那种基本立场,西方人通常就是那样与存在者保持关系的。

黑格尔的存在概念因此**必然**立刻就变得可理解和可领会;依照其无条件的基本立场,由于是"**未**""规定的",所以必然变成拆除式的。这种存在对于通常意指"存在者"来说——这种意指甚至可能不知晓其视界——具有直接**就**被理解或清楚明白(即一般被筹划)的特性,那就是:**纯粹的在场性**。

在思考黑格尔"存在"的"概念",或者说"存在"的非概念时所突显出来的,不是黑格尔的"立足点",而是我们的、日常的、西方历史的立足点(在"特殊观点"[Sonderansicht]这个词的根本意义上)。

而我们标画为"前一设"的东西,首先要求澄清其特有的本质;因为"前提"无论如何已经是"原理性的",也就是说,它发源于那种态度,将一切都收回到**设定**或**原理**或**思想**,尤其是首先把一切都收回到最初的

---

① 黑格尔,《逻辑学》,(拉松版,1923 年),第 I 编,第 66 页,同样参见,第 54 页。

② Voraus-setzung 字面意思是"先行—设定""前—设",通常合在一起"Voraussetzung"意思是:"前提""先决条件""假定"。——译者注

或最终的东西。而那种"前提"与另外一个东西有关,我们必须从据称只能被设定的**东西**出发才能把握或原始地规定其本质。

这个东西是什么呢? 这东西只能通过思考思想之本质(见那里),以及思想如何形成解释存在之**引线**和**引导范围**的方式才能够被觉察;通过思考存在及其**可解释性**及其根据,即存在之真理,以及思考**存在之**真理与存在本身的关系才能够被觉察。

适用于黑格尔存在之非概念的东西,本质性地,即无条件地适用于较宽泛意义上的存在,适用于绝对理念,也就是说,适用于无条件查看着**自己本身**和自己游戏着的被确保状态;它想要说:适用于自身出场着的在场状态。

17. 黑格尔哲学的"立足点"是"绝对观念论"的立足点

立足点是某种**其**有待思想的东西(存在)对于思想成为可通达的或**可思想的**立足之处。

这里的"立足点"是**无条件的思想**;而这无条件的思想就是依其被思想性而有待思想的东西本身。

立足点就是绝对本身;而绝对作为"存在"之整体**无需**一立足点(Standpunkt-*Unbedürftige*),但绝非**无立足点**(*Standpunktlose*)。**不需要**立足点,因为它完全就是或到处都是那样的立足点本身,**是**"可提供"立足点的东西。一切终究都要走向它,它通过不断重复这唯一当下的"过去",通过这种无一根据的先天的东西(Apriori)而真正地"**存活**"。

绝对——作为绝对知识——**绝对理念**。本身就在当下的当前,自己当场游戏着的在场状态(巴门尼德:"圆球"[①]);*unde Trismegistus dicti: Deus est shpaera intelligibilis, cujus centrum ubique, circumferential vero nusquam.*(因为特利斯墨吉斯忒斯说:神是一个

---

① Diels-Kranz,《前苏格拉底残篇》,残篇 B8,第 43 节及以下,第 I 卷,第 238 页。

可理解的球体,其中心无处不在,其圆周无处可寻)①没有"所针对的东西"——"存在者"消解在存在者性质之中。

"这个"绝对**"自为地"**就是无条件的。**它同样"自在地"就是无条件的吗?** 如果是——如何是?(通过它**仅仅**是"自为的"——取—消)如果不是——在何种程度上不是?**无一条件性并非在宣布最神秘莫测的条件,因而不可能去把握;"存在";拆—除和取—消。**

不断以无思想的形式**外现**,就是无条件变化的**条件**(朝着作为**拆—除**的纯存在而起—变化)。

对存在者的**取—消**,也就是说,对存在者和存在之区别的取消,是存在之无条件规定的**条件**,而存在作为绝对理念——**被思想性**。

受制约着的,在这里就是对存在与存在者之差别的根据的**彻底取—消**。

这种"取—消"并不特意地被践行,而只是以传统的不经意的方式最终促成。

思想性的前—设。

18. 黑格尔思想(思想性的)的前—设

绝对思想的摆—脱(*Los-lösung*)——**无**一条件性。

1. **拆—除**(*Ab-bau*)——无条件的被思想性,摆脱了条件制约的,通过起变化而使一切受条件制约着的东西化为乌有的外现。

2. **取—消**(*Ab-sage*)——对存在和存在者之区别的取消,对其**询问**和**论证**的取消。

3. **取消**在无条件思想方面如何与康德区别开来?它在何种程度上是**完全的**和**彻底的**?在康德那里明确作出了"存在论的"差别,即存

---

① Sancti Thomae Aquinatis Doctoris Angelici Ordinis praedicatorum Opera omnia. Tomus IX, Parmae 1859. Quaestiones disputatae(《争议问题集》), Volumen secundum. De veritate(《论真理》), qu. II, art. III, 11.

在论所带有的区别,但恰恰**没有论证**(先验想象力?)。黑格尔和绝对观念论只是受益者;是什么使其发生的呢?

4. **取消如何导致拆一除**这种本质性的后果?思想之无条件性要求"变化"(作为"我"思)。而这种变化就是起一变化并首先**就**是黑格尔的**否定性**!由于更加本源,所以是最极端有条件的!

5. **在**这种思想本身**之中**包含有什么样的**不和无**?

6. 在何种程度上先行"设定"了存在与存在者的区别?

7. 这里标画为"区别"究竟合适吗?"差异"——**相互怀有**——但恰恰这样**保持着**或开展着**统一**。什么样的**统一**? *存在之本质如何?*

19. 黑格尔狭义和广义的存在之思想的前一设

这种"先行一设定"作为**思想性的**预设———道**设定了**思想的本质。

思想者通过争辩**特意**设定这种前一提。这并不意味着**返回**到那种思想者必须要思考的东西上,而是置于那依照思想者之本性和基本立场与本质**还不**允许或不可能思考的东西上,以便去思想他所思想的,以便如其所思想的那样去思想。

"前面的东西"(Vor):虚无,在其思想的意义上向来可能或允许被**追赶**的,但**还没有被赶上**并进一步先行规定的东西。

思想家的思想之**"界限"**从来都不是留下来的**缺陷**,而是预先被迫隐藏了的非决定性,而这种非决定性是新的决定之必然性。**伟大**(Größe)就在于这种界限,造就不可通达的最值得追问的东西,甚至**反对**那向来都是自己的知识。"前设"**不是被停放着的**,而是先行被筹划的东西("前一设"首先不是**"心理学一生物学的"**,而是在*存在之思想*的本质性失据中包含着的)。任何思想中的历史性的本质事物,都是这种隐蔽的,不可通达其自身的,所以肆无忌惮地冒犯着前一设的东西。值得追问的东西之根据当然绝不可能是"世界观"或"信仰"的目标,但或许是**哲学**,唯一意求**存在**的东西之目标。西方思想在**最初的**开端就发生了最为广泛、最为丰富和最为隐蔽的前一设,正在开始的东西恰恰就在于此,而不在于从假定的最微不足道或空洞的东西开始。

前一设,将要追赶的先行一筹划是:**未被质疑的*存在*之真理的无根性**。

但追赶这种前一设,做出这同一前提的设定,并不就是开端的完成,而又重新是开端并因此是**先行一设定着的**最初的开端:作为失一据的*存在*本身;存在者及其可说明性从此以后不再是救援、保护或依靠。

20. 回顾

尝试与黑格尔、与西方形而上学进行某种**争辩**。争辩——黑格尔——西方形而上学——**并将我们自己置于特有的和唯一的东西之中**。对此本来还有更多要说(参见,"自我思考"[Die Selbstbesinnung]①),但首先——还有一段路要走。

着眼点(按照明确的要求):**否定性**。

上次说明了某物和他物的区别;被独立分开并探讨。这是可能的,因为黑格尔本人知道并经常说,并非其文本的字母就是绝对本身。否定性和他在(参见,那里)。②

否定性:自行区别着的差别性——本身被区别的区别——"意识"。

"否定"总是就这种意义而言,不是作为"否认",而是"综合"(提升)而是规定。

21. **历史性的争辩和返回"前提"**

"前一设"——从何说起?"Prämissen"(前提),先行被发送出来的东西——对于计算的思想而言。**最高原理**,可能是基本一原理(Grund-

---

① 出版者注释:在论"否定性"的资料中没有。
② 见,前文第 15 页,第 I 章,第 5 节。

sätze)，但不必然是；甚至就是些"句子"（*Sätze*）？ **在何种意义上始终是一个后缀**？

先行的东西（*Das Voraus*）——如何、去向何处、何时？在何种程度上，"单纯"思想就其要求展开或展开性而言，任何行为当然都**先行于**它本身。但这种行为是什么？

先行—获取和先行—拥有，以及"作为"。先行—获取和先行—拥有作为展开活动中最内在的东西。此（Da）[或，此性（Da‑heit）]的展开。**前一设作为在此一存在**（*Da-sein*）**未被发觉的本质环节**。

此一在并非**现存之物**，单纯的 ὑποχείμενον（放在眼前），简单地通过反问就现成存在，毋宁说是：人的本质之改变的**起一跳**（*Er-springung*），而这仅仅出于或在于对最成问题的东西之追问中。

Ⅱ. 否定性的问题域

1. 关于概念的表达形式

"否定性"对于黑格尔来说,有直接的、间接的、无条件的**意识**(**我表—象——某物**)的本身不成问题的三重差别。

"否定性"对于我们来说,是一种**问题域**的名称:按照传统的看法,但已经通过展望划分到了不同的问题上,否认(Neinsagen)、否定(Verneinung)、被否定性(Verneintheit)、无(Nicht)、虚无(Nichts)和空虚性(Nichtigkeit)的关系。(如何思考"价值",即使本质上深不可测,还混合在关于**虚无**的问题中。)

虚无作为失—据,**存在**本身。而这里的**存在**不是形而上学的,指向存在者或从存在者那里来,而是出于其真理。

只是,**失**—据(Ab-grund)的规定难道不是完全从存在者方面来看的吗? 不,这只是最初招来的印象。

2. 否定性

1. 黑格尔的**否定性**对于他来说不成问题;"本源",而这同时意味着:这个名称所包含着的东西之本质存在不成问题或**不可追问**,因为否定性随着其问题"范围"的先行设定就已经被设定了——通过思想被设定,这里思想的意思是:"我一般性地表—象某物"——通过其"概念",通过其被思想性,作为思想(Gedanke)。一切都唯一取决于,无条件地去思想被思想性,因而是去思想思想本身。[1] 这种思想因此绝不会留

---

[1] 意识作为自我意识以及对于它自行展开着的无限性。参见,康德,形而上学自莱布尼茨和沃尔夫时代以来在德国所取得的真正的进步是什么?(1791 年),WW,第 ⅩⅩ 卷(学院版),第 270 页。

下什么在其理解范围内没有解决或没有决定的东西；无条件思想就是不成问题性本身。

2. 而除了**黑格尔的**否定性不成问题之外，**否定的东西**（Negative）本身通常或一般是那种不可能需要被问及的东西；因为否定的、被否定的或否定着的东西都属于否定，说一不或说一是，是进行判断的思想的原始形式，被否定性从被否定的东西本身上"抽象"出来并被称为"**无**"；人们把这种无，即表一象着的否定，用于一切一般可否定的东西上——用于最初被肯定的东西，存在者之整体上——于是就形成了作为存在者整体之无的**虚无**；而这恰好就是最粗俗地被误解为通常就停留在那里的那种**虚无**。因为虚无（Nichts）压根还是"**虚无的东西**"（Nichtige），还想要进一步对毁灭进行深思或熟虑，当然就意味着思想之自我毁灭。由于思想之自明性以及它必然总是通过去思想"某物"而成其自身，于是就形成了否定性之完全的不成问题性，就此"否定性"现在表明：那些不（Nein）、否定（Verneinung）、被否定性（Verneintheit）、无（Nicht）、虚无（Nichts）和空虚性（Nichtigkeit）之间自明的关系。

3. 而思想**是自明的**，因为它为人的本质标志做担保，而人——我们自己——是**思想着的动物**（animal rationale）。[1] 人们可以进一步以他的形式或方式来描画或记录这种无论何时何地都会遇到的动物的这种思想，并由此发挥出各种各样的观点或达到不同的钻研程度。然而，这些东西本身在其最高的形而上学体系中，却仍然只不过是就其本质的生存方面清楚或熟悉的东西之**事后补充的**讨论。之所以那些东西符合规则，是因为否定性被当作不成问题的。

4. 我们为何或被什么所驱使而试图逗留在这种不成问题的东西那里，以便还要施魔法变出某些问题？因为不成问题的东西恰恰是含

---

① 参见，康德关于与所有"禽兽"的区别，康德，关于形而上学进步的征奖论文。（上文，注释 1 页码），同上，（"……完全脱离于一切禽兽"）。

糊不清的并因此可能是成问题的。

不成问题的东西曾经是不值得追问的,它彻底被指明不能提供任何探问的可能线索。不成问题的东西其次是根本上**未**决定的,但在知觉流中冒充决定了。知觉流又可能与对决定的无知并行,但同样可能已经是想要**回避**决定的结果,当然,也可能以其两种形式同时发生。于是,不成问题的东西具有完全自明之物的那种几乎无懈可击的形态。

5. 否定性不仅在西方形而上学之**完成**的体系中是不成问题的,而且同样根本性地内在于形而上学的历史。否定性的不成问题性回溯到作为人之基本能力的思想的不成问题性,其本质设定首先就不成问题。这种不成问题的东西总体上意味着或包含着什么呢?

思想对存在者"言说",言说它向来之所**是**及其当时如何**是**。思想保持着与存在者之存在的权威性关系,思想因而同时或事先就已经**指定了视界**,在其中,存在自行规定为那样一种存在。因此,思想不仅是表—象着规定当时的存在者的践行方式,而且同时或**首先**为存在之本质确定先行给予了视界。存在是对于觉察活动(Vernehmen)或在觉察方面不隐蔽的在场性或持存性。就觉察($voῦς$)被规定为思想($λόγος$- ratio,理性)而言,存在就是被思想性——存在的规定,是对存在者之关系的"观念论的"与"实在论的"解释的**先行基础**。[①] 因此,思想的自明性归根到底意味着那种说法的成问题性,即,思想对存在具有给予着标准和视界的关系。

由于思想构成人的基本能力,而人的本质与上述能力一起被认作自明的,这就表明,否定性的自明性因而思想的自明性,绝不亚于**人和存在"之间"的关系**的自明性。由此产生出非同寻常的事物,以各种不同的形态贯穿形而上学的全部历史:虽说人与其本身所不是的存在者的关系,以多种方式被怀疑、质问、说明或论证,人与存在的关系仍然还

---

① 参见,康德"自然"的"技艺"。[康德《判断力批判》,第 23 页。]

是比所有事情都不成任何问题,而且这种情况如此"确定",以至于根本无须特意思考,而是被要求作为自明的事情中最自明的事情。人们习惯于称为"存在论"的东西,只不过是给这种自明性盖上一个博学式的印章。

6. 但思想的成问题性就其本质,就其作为指示解释存在之视界的角色而言,仍然包含着某些其他不成问题的东西。因为首先直接顾及当时展开或遭遇的存在者的思想,同时是规定存在之引线,我们称之为存在者和存在之间的差别的那种东西,根本不会特意**作为**差别进入视线;所以任何关于这种差别之本质或根据的全部问题,都仍停留在完全无关紧要和陌生的领域之中。

7. 由此,否定性的形而上学的不成问题性,作为思想之本质或角色的不成问题性意味着什么呢?尚未确定的仍然是:(1)人与存在的关系;(2)存在和存在者之间的差别。这种双重差别共同归属于统一,归属于唯一问题的统一:如果决非出于存在者,那么存在向来是从何处获得其真理,而这种真理应基于何处?如果**存在**不是存在者,甚至不是最具存在性的存在者,且同样也不"是"对存在者的简单补充,那么,它的情况又如何?

追问作为无条件形而上学思想之"能量"的否定性,意味着使**这种未决定的东西**得以决定。第一次做出这种决定,明确地、可经验地做出决定,也就是说,使之变得急迫,是追问存在问题的思想的唯一想法。做出这种决定之本质就在于,使之史无前例地变成某种历史性的争辩,而同时必须在未被奠基甚至或许失据的情况下实施跳跃。因此,这种思想可能——还不如随便某种本质性的形而上学——不像某种科学知识那样,不合口味或不会按照学说标准被认可。以追问那些不确定的东西的方式,持续而长期地做跳跃的准备是可能的,甚至在一定界限内是必然的;与此同时,那样的准备——空谈跳跃而不是起跳——本身就容易带有危险。

3. 回顾

我们上一次就其根植于思想中的流行看法,再次澄清了黑格尔否定性的不成问题的性质。然后我们尝试着最终统一地去考察思想之本质,并由此已经把这种不成问题的东西松动为一种值得追问的东西。我们那样快地就置身于某种成问题的东西的范围内去考察,这就表明,被我们当作思想之标志的东西之统一的本质根据问题,仍然没有答案,甚至没有指出去赢获答案的方向,即,更加本源性地去追问的方向。

或许我们已经站到了某个位置上,它只承载跳跃之"广度"与自由,而一切表面上继续进行的剖析或综观,都仍然只是某种事后补充罢了。

但目前或着眼于长久,我们通过思想总还是讨论得更真实一些,即便我们还**没有**起跳或坚持把思考推到前台。虽然这种前台不单是后台的前台(人们可以在同等层次上达到那样的后台),而是某种**失一据**的前台。这里的这个几乎无法言表的词"失据",思考的是一种非常严谨和唯一的东西,而且不允许被误用,以至于作为空洞的头衔,使那些仅仅累赘而干瘪的突发奇想,只因多情的感受或虚假的深度而冒充思想之严肃。

Ⅲ. 存在与存在者的区别①

1. 区别作为决一定

决一定(Ent-scheidung)②——在这里,指的是从可先行规定的东西之简单分别或区别出发来理解的事情。

存在本身就是**决定**(Entscheidung)——就某种表一象着的、外加的、具体化的或削平着它的区别而言,并非与存在者**有别的东西**。

存在作为发生的一事件(Er-eignis)③而决一定,因人和神在人性和神性之本质方面**发一生**急迫而决定。——发生了什么样的事件,使世界与大地的争执开始起来,在什么样的争执中,敞开的东西首次**被照亮**,由此,存在者回归到它自己本身并感受到某种**重量**。

2. 存在与存在者的区别

这种"区别"(Unterscheidung),也就是说,借助**差别**(Unterschied)被这样命名的这个称号,是前台,**仍然还**是形而上学的——是形而上学范围内对形而上学之根据最外在的说明,因而任何时候对于流俗意见来说都是某种指示或线索,尽管还是某种**误导**。

差一别(Unter-schied)——相 互 怀 有——跳 入 这 来 自 **无 化**

---

① 只是作为前台的,就真理而言对存在与存在者的关系的灾难性理解。

② "Entscheidung"是决定、判决、决断的意思,海德格尔在这里将其拆分为"Ent-scheidung"。"Scheidung"或动词"scheiden"是分别、分开、分离的意思,前缀"Ent-"有开始、离开的意思,"Ent-scheidung"意味着开始一分别。——译者

③ "ereignen"是发生、实现的意思,Ereignung是其名词化,"Ereignis"则是事件、事端,尤其指重大的、不寻常的事件;前缀"er-"有开始、起初的意思,后面的"eignen"是特有、独具、适合于的意思。海德格尔后期经常使用这一系列词汇,表示存在之发生的事件,其表现形式多种多样,如世界历史、艺术作品、政治运动、现代技术等命运般的事件及其生发。——译者

(Nichtung)的"无"中，**无化就是**_存在_。

差别将有差别的东西等量齐观(参见,前面的思考),促使存在成为"某种"存在者。而**如果不**是这样——**那么差—别**意味着什么?

存在——"**之间**"　　　　　　唯一的——一次的

和"**存在者**"??　　　　　　**谬误? 太过存在的存在者,**

　　　　　　　　　　　　即**离弃存在**而恰恰

(不是柏拉图主义;不是　　　这样**发挥着作用的东西**;

其反转,不是形而上学　　　还是说——完全不同:

的反转,而是**消一灭**)　　对拒绝的**承认**

　　　　　　　　　　　　作为世界和大地之**争执**。

差别:

1. **相互怀有?** 还是说只是事后的确认,虽然贯穿并越过?? "**居间的东西**";

2. **平均化**(Gleichmachen);

3. **认出**(Absehen)**和忽视**(Hinwegsehen)(无意识的)。

Ⅳ. 空敞——失据——虚无

1. 空敞(*存在*)

从"存在者"或以表—象的态度对待存在者的做法出发,以只是表面上剖析的方式,按照已经习惯了的种种考虑和解释——我们说,表—象就是在存在者性质之"光"中对于某一"物"(某物)**作为**某物的表—象(比如被使用的物——或者"动物""生物""用具""工件")。

这种在……之**光**中**对于**某物**作为**某物的表—象,已经就是一种构造,所构造的东西在自身中统一地形成"对于""作为",以及"在光中"可造就的东西;表—象者(人)就身处于那**被照亮的场所**(Gelichteten)之"**空敞**"(Lichtung)①中,虽说,这种"身处"事先就已经根本上规定了人的本质,而且必然**引导**或承载着其本质特征。不再是:人,同时外加这种身处,而就是这种身处和人的本质作为问题! 迫切地在空敞中

---

① "Lichtung"本意为林中空地,虽然与"Licht"(光、光亮)、"lichten"(照亮、使明亮)等词相像,但在海德格尔思想中"Lichtung"表示先于一切形式的光而使得光能够照亮于其中的空间性质或原始时空的含义。在《哲学的终结和思的任务》一文中有一段文字很清楚地表达了这层含义:"我们把这种给予让显现和呈现以可能性的开放性叫做'空敞'(Lichtung)。在语言史中,德语单词 Lichtung 源于法语 clairiere 的翻译,它是根据更古老的词'森林化'和'田野化'组建起来的。……森林之空敞被经验为与古老的词'稠密化'(Dickung)所描述的相反的东西。名词'空敞'返回动词'使明亮'(lichten)。形容词'光亮的'(licht)与'轻的'(leicht)是同一个词。敞开某物意味着使之轻、自由和开放等,例如使得森林在某一地方没有树木。这样原始化的自由空间就是空敞。在自由和开放意义上的敞亮,无论在语言或事实上都与一般意味着明亮的形容词'光亮的'毫无共同之处。这里要注意空敞与光的不同,但两者之间仍可能会有某种事实的关联,光可以进入空敞之开放性中并与黑暗在其中游戏,但是光从不创造空敞,毋宁说,光反倒预设了林中空地。"从这里我们可以看出,"Lichtung"容易使人们首先将之与"光"联系起来,从而将其含义领会得不够原始,海德格尔在多处把传统形而上学说成是光的形而上学,虽然他本人也被有些后来者斥为仍停留于某种形式的光中,但显然他已经洞察到"光"的限度。将"Lichtung"直译为"林中空地"通常很难融入上下文,本文译作"空敞",表示其虽仍与光相关但更先于光的原始时空含义。——译者

040

的——归根到底就是**在此一存在**（Da-sein）的人。[①] 而**迫切性**本源于：**感应**（Stimmung）。[②]

这种空敞从存在者出发不可解释，毋宁说，它是**"之间的东西"**或**"居间的东西"**（在原始时间—空间的时—空意义上）。"对于""作为""在光中"，这些不是"存在者"，是虚无而非**虚无的东西**，相反：**根本性的**"重的"，**最重的**重量，真正的重物和唯一的东西，一切存在者（确切地说，不仅是作为存在性、对象性、现存性）作为存在者都在其中"存在"。

空 敞 是 作 为 根 据 的 失 — 据，是 生 化 一 切 存 在 者 的 无 化 者（Nichtend），所以是**最重的东西**，因而不是"现存的"，是根本遇不到的，而作为拒绝着空敞的"根据"——本身就是在无化中**承载着—促成着的决—定者**，生—事者——发生的事件。

无化：给纯正的奠基之迫切让位（根据之失效）。

空敞：无处不公开的失—据。1. /"对于"/存在者的失据，同样/对于/我们自己和诸如我们这类东西的失据；2. "作为"的失据，即，一切最终的，这里是最初的**存在之"作为"**的失据。

失—据：虚无，最深不可测的东西——*存在本身*；不是因为这存在是最空洞、最普遍、最苍白的、最终子虚乌有的东西，而是因为它是最丰富的、唯一的、中间的、不被中介的因而根本无法回撤的东西。

2. **存在：失—据**

最敏锐的察觉目光"本来就"源于人被指派向"存在"之经验。

就此而言，这种存在还是作为存在者的性质，比如超验的先天之物的意义上，一切都内在于"认识"行为，内在于"**仅仅**"**对于**某物**作为**某物

---

① 见，此一在（见，前文Ⅰ，2，第13页）。

② "Stimmung"意思是调音、情绪、情调、气氛等，其动词"stimmen"有调校、使产生情绪、合拍、适应、感应等意思。按海德格尔的思路，此在的活动或情绪本源于与存在之发生的合拍或感应，本书将之翻译为感应。——译者

的表—象行为,某物则来自着眼于……的存在。

在这里,人(?)身处于**对于**某物的开放中,而这个物则处于"作为"的自由中;*存在*之开放中的整体,本身不是"对象",毋宁说,恰恰就"是"这一切,即这个开放的东西,**失**—据的但却奠定着根据的东西。**根据——作为失据**(而同时是拒绝!)。因人之迫切性而被构造为此(Da)或此性(Daheit),那样的迫切性并非人"中"的特性,而是对他来说的**本质根据**(genitivus essentialis)(本质属格)。

3. *存在***与虚无**

黑格尔的否定性什么都不是,因为他根本没有严肃地对待无和无化——无已经通过说"是"(Ja)而被扬弃了。

具体的东西——以无条件思想的存在者性质而**现成的东西**。

无化:"根据"之失效,**失**—据。

*存在*就"是"虚无——不是因为它同样少地未被规定或未被中介,而是**"根本"不同的一回事**!是那首次开启"分—离"的东西。

存在之"有限性"——一种非常容易误解并首先只是要取消的表达(既非**"有限的"**也非**"无限的"**)。所指的是"无化"的本质归属性。

4. **失**—据**和虚无和不**(Nein)

失—据是**虚无之急迫或无化之必然性**的根据,而**这种失**—据,接下来,当然就使**区别**得以可能。

失—据的**虚无**:根据的失效,存在者的一切守护和一切依靠的失效;而这种失效却是对决定和区别之急迫的最高允诺。

虚无从来不是简单现存的、不起作用的、无价值的、不存在着的意义上"虚无的东西",而是*存在*本身之本质化,作为**失**—据的—深渊般的**无化者**的本质化。

对于神性和人性——因此对于此—在、在—世界中—存在、世界和大地、争执而言,失—据本质上是进行**决—定之迫切**的期间。

此一在对*存在*之真理说**"是"**(Ja)(不是对存在者的同意或赞同),"是"针对无化或"不"之必然性。

"不"是**对无化说"是"**。对无化的赞同作为对失—据的赞同,是对最值得—追问的东西的发问。对*存在*之真理的守护,就是对最值得—追问的东西之估价的怀疑(Fragertum)。

存在与存在者的区别是什么呢?现在**这个**标称还可靠吗?作为追问之指示还可能吗?

5. *存在*与**虚无**

"无"和"**虚无性的东西**"**从何处**进入其一切形态和场所之中呢?我们如何领会那个"来头"?**为什么**——作为**所以然**,以怎样的方式!我们意指"根据"!

只是——我们此时如何发问,如果我们追问**根据**的话?它比**那**我们追问其根据的东西,比"无"**更优越**吗?两者共同归属吗?如何共属?

失—据:*存在*。*存在*作为**失—据**——虚无和根据**同在**。虚无是**失—据的、与作为无化的**存在**不同的东西,为何?——其本性**。失—据是虚无性的根据,并非守护—支撑着存在者,所以是*存在*之本质。

6. "否定性"

作为失—据的*存在*就是虚无。虚无是与一切虚无的东西最极端的对立面。**虚无**无化并使无之筹划得以可能;这"无"可理解为被否定性,而这被否定性就是否定的可表—象性,而这否定呢?

人现在是什么?——**此一在**。

前面的并非**更前面的转变**,因为存在本质上是不同的,不再作为存在者性质来探问。

7. 虚无

　　虚无存在于一切形而上学中,对于形而上学而言,具有存在者性质的存在本就是对存在者的补充,只不过同时还是对存在的补充。这里想要说的是:虚无的自行规定,取决于存在者性质被把握的情况。(参见,康德《纯粹理性批判》中的虚无范畴表,A290 及以下,B346 及以下。)

V. 黑格尔

1. 关于概念表达形式的实质

我们称作存在的东西,按照西方哲学的开端,对于黑格尔来说意味着**现实性**;这个称呼不是偶然的,而是在亚里士多德那里,在开端的最初终结处就先行规定了:ἐνέεγεια-ἐντελέχεια(能力、活力—隐德莱希)。

黑格尔称为"*存在*"(或本质)的东西,确切地说,我们叫作"**对象性**"。黑格尔的这个名称也不是偶然的,而是经过**形而上学的转送**并通过康德的同样影响规定了的。这时,存在者的存在(本质)作为范畴,最终具有了**客观性**:"**对象性**"的规定。

存在和变化:存在作为变化(参见,尼采)。

黑格尔称作存在的东西,对他而言,仅仅是对**我们**或**他的**(现实性)的意义上的**存在**之片面的规定。

但为什么真正的存在者是现实的(可能的和必然的)东西呢? 因为——希腊人的看法——在场者的完全在场,**完满的在场性**。

对"现实的东西"(der ἐντελέχεια in »actus«)("活动"中的隐德莱希)做新的解释:**起作用的**,成效。

因此,当黑格尔把"虚无"和"存在"在**他的**意义上拼凑到一起时,他显然只是"抽象地"、片面地理解虚无,而不是或绝不是作为**现实性的虚无**来理解。难道不是吗? 正因为存在本身无非就是**现实性的虚无**,所以虚无在绝对的意义上才与"存在"是同一回事——对"*现实性*"(*存在*)而言就是这个意思。

*

存在依我们的言说方式(《存在与时间》):

1. 存在者性质(ὂν ᾗ ὂν)(存在者之为存在者),而这种性质通过其全部的历史,一直到黑格尔的"现实性"和尼采的"权力意志"("生命");

2. 存在——作为允诺存在者性质的根据,最初的 φύσις(自然);

3. 只对(1)适用(存在和存在)。

与存在问题相应:(1) 作为关于存在者性质的问题;(2) 作为关于存在之真理的问题。

"存在"对于黑格尔来说:对象之直接表—象意义上的存在者性质,就其作为被表—象性的对象性,**对象性**。

"存在"对于尼采来说有别于"变化";黑格尔同样!?

2. 黑格尔

1. 正题——反题——合一题:判断——我连接;

2. 意识——自我意识——理性(**客观性**;"范畴的东西"——对象性);统一和存在者性质——**此**;

3. 直接性——**中介**——"扬弃";(连接?)联系 1 和 2(**笛卡尔**)和**绝对性**。

"虚无"本源于"绝对",作为意识(思想)的这个绝对。统一就是通过最持存之物的在场而聚集。

思想作为主体和客体的无条件交替关系,范畴同时是客观的**和**主观的。

历史的考察——"三方面":(1) 绝对观念;(2) **作为自由在一自己—身边—存在**;知道它是什么并作为那种东西而展现;(3)**"存在"**(**作为自由**)就是**"知识"**——无条件的(不是说"知识"属于存在!)。

绝对概念＝自由。

有意识的—存在/此—在。

3. "变化"

"变化"(就是说,某物变成其所"是"的东西——返回自身、其根据=走向根据)达到其本身、它的本质;规定着的中介活动。

黑格尔从变化者之变化,即绝对之变化起始;在这样的"开端"之内,他从"存在"开始,存在作为存在者性质,是存在者之虚无,也就是说,绝对现实的东西及其现实性之虚无。

开端(Anfang)——某物从之所出,作为其居留之所,并向之所归,以其为根据之所。

开始(Beginn)——出发由以开始之处,作为那样的东西被消除、延续、移去、跳过,同时也就是说,被扬弃。

黑格尔从开端起始,那开端就是 ego cogtio(我思)的绝对表达——对 έν άεχῆ ἦν ὁ λόγος(太初有道)真正近代的解释。"存在"(现实性)作为有意识的存在,也就是说,某物或某个对象自行被意识,自为地拥有被意识的东西。

4. 纯粹思想的思想

纯粹思想的思想及其通过直接性被思想的东西。思想作为存在之真理的引线和筹划根据,这种情况如何发生。

这种纯粹思想的思想是出自绝对思想的思想(参见,存在和变化,存在和否定性,存在和理性)。

5. "更高的立足点"

"更高的立足点,精神的自我意识……越过自身而达到了……"①(从《纯粹理性批判》,经过费希特、谢林、黑格尔的《精神现象学》)。自

---

① 黑格尔,《逻辑学》,拉松版,莱比锡1923年,第一版序言,第3页。

身作为那种知识——自我意识作为对象意识的知识。"认识自己"是精神之"现实性"的"基本规定"。

以前的形而上学发生了变化。形而上学现在是：(绝对)精神"从事于"探讨"其纯粹的本质"。[①] "精神的实质形式得到了改造"。[②] 先前的 metaphysica generalis(一般形而上学)现在变成了"真正的形而上学"[③]（更确切地说，真正的形而上学之顶峰，变成了绝对的 metaphysica generalis[一般形而上学]），因为在《逻辑学》中，绝对精神或"神"，全然存在于自身。以前神学是真正的形而上学之最高阶段，而 metaphysica generalis(一般形而上学)只是空洞的前奏。

"突发奇想的反思的急躁"。[④] 即使突发奇想没有入侵——即使全部那些念头都发生在对于它来说不被追问或不可追问的它的根据之中。

直到德国观念论的完成，哲学仍然还是由其基本立场的不成问题性(确定性)，以及对存在者之整体的普遍意图和说明来支撑和守护着(基督教信仰)。从此以后，尽管一切都还不顾多方变革而仍维持老的一套，但某种变化已经酝酿了——不被守护或不被支撑。思想的另外一种历史性开始了；最初的、过渡性的思想者是尼采，其间有博学风气，历史主义。

6. 黑格尔的"影响"

黑格尔和一般德国观念论，就其本来的体系而言，一直都不会有什么影响，因为令人费解而此外还自称完成；所以只算是一种历史的奇观，根本与所谓的"生活"无关或不被其所关心。毫无"影响"。

---

① 黑格尔，《逻辑学》，拉松版，莱比锡 1923 年，第一版序言，第 3 页。
② 黑格尔，《逻辑学》，拉松版，莱比锡 1923 年，第一版序言，第 5 页。
③ 黑格尔，《逻辑学》，拉松版，莱比锡 1923 年，第一版序言，第 5 页。
④ 黑格尔，《逻辑学》，拉松版，莱比锡 1923 年，第二版序言，第 21 页。

但"影响"意味着什么？哲学如何"产生影响"？是否通常会造成本质性的影响？

1. 影响通过**引发敌意**，即对哲学的否定，招致对立面而产生：叔本华——"生命"——尼采都是这样。事实、进展、明确的东西、**直接的**证实者。

2. 此外，以概念和表—象的方式被吸纳和改造，也仅仅是后果。

3. 无关紧要的是，造就一些学派或"语文学"或对有关哲学的博学风气。黑格尔主义等诸如此类的东西。

黑格尔的立足点和原则非同寻常之丰硕及其同时彻头彻尾的枯燥乏味——这种情况不再会发生也不再可能发生。

当**黑格尔**把"存在者"和直接（贴近生活的）表—象或建构出来的现实的东西，阐明为"抽象的"（**片面的**、抽取的、不真实的东西）时，他是正确的。但他的**全面的**、被提供出来的、真实的东西，却（显然）仍然只是对抽象之物——最抽象的东西——的无条件辩护，因为*存在*之真理压根是没有被追问或不可追问的东西。

黑格尔的"否定性"源自何处？黑格尔**指出**这本源了吗？如何指出？"否定性"和"思想"作为形而上学地解释存在之引线。μὴ ὄν（不存在者）[①]——"剥夺"——矛盾——无。

绝对之丰沛与完整作为**片—面的东西**的条件。片—面性从何而来？片—面性和"**主观性**"。主观性和思想。在何种程度上主观性是多—方面的？表—象的"各个方面"（方向）（物、我、物—我—**关系**本身；为何不会没完没了？）。

---

① ［1941年修订的手稿附录：］柏拉图的 μὴ ὄν（不存在者）；否定性在何种程度上被看到，这种看法如何与 ἰδέα（理念）联系在一起。剥夺的"揭蔽"——作为 ὄν（存在者）μὴ ὄν（不存在者）之**揭蔽**，历史上的：赫拉克利特和《巴门尼德》。

当柏拉图把不—存在者认作存在者，因而更加丰富地把握存在的时候，总还有决定性的问题悬留着，他如何把握存在——一切 ἰδέα（理念）；尽管所有对褫夺性的认识，存在而特别是"否定的东西"是否就不会被看错。

7. 形而上学

存在作为存在者性质(被表一象性)。

存在者性质作为被表述的存在(范畴性的东西)(参见,存在——被包围在所判归的[范畴性的东西]中)。

范畴——既是"客观的"又是"主观的"——作为"客观的"或"主观的":绝对的。

"主观的东西"作为有限的 ego(自我)或绝对的(主观—客观的)精神的被思想性。为"生命"效劳的思想之**被思想性**本身(尼采)。

思想作为践行形式——思想作为引线(参见,《存在与时间》)。两者的统一。

最初的开端及其终结。黑格尔——尼采。

8. 对于黑格尔

1. 根本就没有比黑格尔的——近代形而上学的精神的立足点——"**还更高的立足点**";

2. 根本没有精神的那种立足点,而是此一在的立足点,也就是说:

3. 根本没有形而上学的,或者说,存在者之存在者性质的立足点,而是**存在**之立足点;最宽泛而同时真正意义上的"形而上学";

4. 这种立足点究竟是否还是某种"立足点"——毋宁说是一种过渡,作为(起一立)而迎向(发生的事件)。

争辩决不允许沦为单纯"突发奇想的反思";[①]也就是说,立足点必须被理解为形而上学的基本立场,必须从其自己特有问题之根据中来追踪,也就是说,基本立场作为形而上学的立场,必须同时通过引导性

---

① 黑格尔,《逻辑学》(拉松版,1923 年),第二版序言,第 21 页。

问题(在"科学的体系"①中展开)被收回到根本问题中。

9."逻辑的开端"("纯存在")

这开端应该"在本身自由存在着的思想之要素中,在纯粹知识中被造就"。② 纯粹知识——**直接性**。"纯粹知识"是"意识之最终的绝对真理"③——纯粹思想**作为**意识(或作为真理)——**中介**。

黑格尔"**从**""绝对知识"起始(在《精神现象学》中**同样**如此)。(思想的)开端在这里意味着什么? 不是开始——从这里继续的起点——而是思想本身所坚守的**地方**,是思想**本身预先将被收容之所**。而为什么这种收容是必然的呢?

纯粹知识——"变成了真理的确定性"④。确定性:知道自己作为知识,成为对象之**本己**或对象性。"知识"仿佛消失了——"纯存在";⑤融化为那样的东西⑥。真理在这里要作为先验的来理解!

纯粹知识本身放弃了不可能是它自己的一切"他物",也就是说,没有他物,没有与他物的差别——"无差别的东西"。⑦ 所以,哲学的开端全然是"**空洞之物**"。⑧

在何种程度上这是因为开端(思想)(**作为思想的思想**)之本性,即,开端**是存在**?

开端和完成——思想之无条件性。

---

① 黑格尔,《逻辑学》,拉松版,莱比锡1923年,第一版序言,第7页。
② 黑格尔,《逻辑学》拉松版,1923年,第Ⅰ编,第53页。同上
③ 黑格尔,《逻辑学》拉松版,1923年,第Ⅰ编,第53页。
④ 黑格尔,《逻辑学》拉松版,1923年,第Ⅰ编,第53页。
⑤ 黑格尔,《逻辑学》拉松版,1923年,第Ⅰ编,第54页。
⑥ 黑格尔,《逻辑学》拉松版,1923年,第Ⅰ编,第54页。
⑦ 黑格尔,《逻辑学》拉松版,1923年,第Ⅰ编,第54页。
⑧ 黑格尔,《逻辑学》拉松版,1923年,第Ⅰ编,第66页。

附录

附件和标题页

[出版者注释:接下来的指示是弗里茨·海德格尔抄本的标题页上海德格尔手稿的记录;参见,出版者后记。]

——参见,打字稿第 431 页及以下的思考。[1]

——参见,作为**存在**之历史的形而上学。[2]

——参见,形而上学的克服及进展Ⅰ。[3]

——参见,**存在**的历史及进展。[4]

针对Ⅰ,1(第 3 页)的附件

练习——不是要干扰或转移——其特有的进程,也不是从外面强行进入黑格尔哲学的问题,而是出于其特有的立足点和"原则"。

对此,是否必然或必要,黑格尔是否还有什么"现实的意义",黑格尔是否曾有过什么影响。"怪癖的东西"——每一种"哲学"。

思想的怎样的"立足点"? **绝对**观念论:对抗反思哲学并依照"原则"。如何规定哲学? 什么样的原则?

体系之根据:实体即主体;[5]"存在"就是"变化",而这符合其开端的立足点。序言:实体性即主体性(**我思**);存在就是变化——存在者性

---

① 出自全集第Ⅲ部分未发表论文。
② 海德格尔,《尼采》Ⅱ,第 399 – 454 页,Günter Neske 出版,Pfllingen1961 年。
③ 出自全集第Ⅲ部分未发表论文。
④ 出自全集第Ⅲ部分未发表论文。
⑤ 黑格尔,《精神现象学》,(Hoffmeister 莱比锡 1937 年版),序言,第 20 页。

质和思想。

如何突出"否定性"？（参见，《精神现象学》导言和**序言**）。实体作为主体。

思想作为践行形式；先行给出解释之引线。对引线的思想；存在者性质——被思想性；而思想即陈述（参见，《存在与时间》）。

对黑格尔《精神现象学》之「导论」的讲解

（1942年）

预先考察

《精神现象学》在黑格尔形而上学中的不同角色和地位

人们简称为黑格尔的《精神现象学》的这部著作,在 1807 年出版时的完整标题是:"科学的体系,第一卷,精神现象学"。著作原来的主体部分从一个"思考"开始,在紧接着的著作全集版①再版时仅有短短的 30 页,而且这里被明确地加上了一个"导论"(WW Ⅱ,59 - 72)的标题②。我们可以有所保留地称这个思考为"导论",尽管在第一版中没有这个标题。在第一版的"导论"之前本就写有一个内容丰富的"序言"(WW Ⅱ,3 - 58),占用了那里 41 页的篇幅。在第一版的统稿样本③中,序言之后和"导论"之前有一个针对整个著作的扉页,标题是"意识经验的科学"。在排印期间,黑格尔用"精神现象学的科学"代替了这个标题。在黑格尔死后立刻就开始了的,由其学生整理的其著作全集中,这部著作 1832 年出版时被冠以"精神现象学"的标题。(这个标题已经被黑格尔本人用于《逻辑学》的导论,1812 年,第 Ⅹ 页④。)那个明确的和决定性的冠词"die"⑤也被删除了,由于黑格尔在他快去世前不久就开

---

① 《黑格尔著作集》,黑格尔去世后由他的一个老朋友团体出版的完整版,第 Ⅰ - ⅩⅨ 卷,Berlin1832—1845 年和 1887 年。

② 同上,第 Ⅱ 卷,《精神现象学》,由 Johannes Schulze 出版,Berlin1832 年,第 2 版,1845 年。

③ 黑格尔的《科学的体系》,第一部分,《精神现象学》,Bamberg 和 Würzburg,bey Joseph Anton Goebhardt,1807 年。

④ 《逻辑学》,黑格尔,Nürnberg,bey Johann Leonhard Schrag,(2 卷本)1812—1813 年和 1816 年。

⑤ 《精神现象学》1807 年第一版全名为《科学的体系,第一卷,精神现象学》(System der Wissenschaft. Erst band. Die Phänomenologie des Geist),1832 年再版时只叫作《精神现象学》(Phänomenologie des Geist)——标题删掉了冠词"die",汉语翻译无法表达出这个意思。——译者注

始审查这部著作了,所以可以断定,标题的这种改变与插入一个"导论"的标题一样,都可归于他本人的意图。

标题的改变有其重要的原因。《精神现象学》必然丧失其作为体系之"第一部分"的"角色",因为此时"体系"本身在黑格尔的思想中已经发生了变化。对于《精神现象学的科学》构成其第一部分的**那个**《科学的体系》而言,按照**由黑格尔**本人撰写的,1807 年 10 月 28 日发表在《耶拿大众文学报》的告示,第二部分的计划是:"**第二卷**将包含作为思辨哲学的**逻辑学**体系,以及哲学其余的两部分,**自然**和**精神**的**科学**"。①

实际上,五年之后所预告的"思辨"逻辑学出版,确切地说,标题是"逻辑的科学"。这个标题与 1807 年《科学的体系》之"第一部分"的标题——《精神现象学的科学》相符合。只是,1812 年出版的《逻辑的科学》已经**不**再冠以涵盖性的标题《科学的体系》了,《逻辑的科学》也同样不再如他本人 1807 年所预告的那样,充当体系的"**第二卷**"或"**第二部分**"。在 1812 年和 1813 年间,两卷本的逻辑学第一卷出版,其中包含"客观逻辑";1816 年出版了第二卷,以"主观逻辑"或"概念论"结束这部著作,1807 年他本人预告的"体系"第二部分连同所计划的"自然和精神的科学"根本没有出版。虽然我们知道,黑格尔在耶拿授课期间(1801—1806)就多次深入地做过关于自然和精神哲学的报告,②出自这些讲座的部分内容,在《精神现象学》中得到了深入的探讨,尽管作用发生了变化。"自然和精神的科学"之所以没有以 1807 年体系的第二部分发表,并不是因为黑格尔还没有研究过这个领域,而是出于另外的某种本质性原因。

在 1807 年到 1812 年期间,《精神现象学》构成其第一部分的体系

---

① 黑格尔,《精神现象学》,根据 Johannes Hoffmeister 出版的原版文本,Leipzig1937 年,Verlag von Felix Meiner,**出版者引言**,第 XXXVIII 页。

② 见,黑格尔,耶拿实在哲学(自然和精神哲学),Ⅰ,1803—1804 年讲座,出自 Johannes Hoffmeister 出版的手稿,Leipzig1932 年,Verlag von Felix Meiner。

必然已经发生了变化,我们把从《精神现象学》出发而确定的体系简称为"现象学—体系"。《逻辑学》在 1812 年到 1816 年之间出版,但本身并没有作为特定的部分被明确安排在一个体系之中,在它完成的一年之后,黑格尔 1817 年发表了一部著作,标题是《哲学科学百科全书纲要:用于其讲座》。①

黑格尔于 1816—1817 年冬季学期在海德堡授课,就是从关于《哲学全书》的讲座开始的。《哲学全书》几乎同时**出版**,虽说"需要"是"最急切的原因","听众需要一本教科书""以备使用",②但出版的**内在**原因是,体系转变成了**那样一种**形态,黑格尔认为它是**最终的**形态,也的确将其**作为**这样的形态而坚守。《哲学全书》的前言中同样有这个意思:"然而就一个纲要而言,如果已经有了某些假定的或熟知的内容,它们应该有意地被简化的话,那么这只不过实现了对考察结果的整理和编排的**外在目的**。眼下的表述却不是这样,而是要按照一种方法对哲学进行一种新的处理,这种方法正如我所希望的,还将被承认为唯一真实的,与内容相一致的方法,所以,如果情况允许我事先在哲学的其他部分做些更加详尽的工作的话,正如我有关整体的第一部分,即《**逻辑学**》所呈献给公众的那样,可能会对公众更有益。"③

通过这段说明,决定性的事情趋于明朗:

1.《哲学全书》其实根本就不是教科书,而是新的或最终的体系之形态,我们简称之为"哲学全书—体系"。

2. 对于这个体系来说,现在要求《逻辑学》作为其第一部分,而不

---

① 《哲学科学百科全书纲要:用于其讲座》,黑格尔,Heidberg,Verlag August Owald,1817 年。

② 《哲学科学百科全书纲要:用于其讲座》,黑格尔,Heidberg,Verlag August Owald,1817 年,(第一版)序言的开始。WW Ⅵ,Leopold v. Henning 出版,Berlin140 年,第Ⅲ页。

③ 《哲学科学百科全书纲要:用于其讲座》,黑格尔,Heidberg,Verlag August Owald,1817 年,(第一版)序言,WW Ⅵ,第Ⅳ页以下。

再是《精神现象学》。

3. 黑格尔在《哲学全书》的前言中明确提到了一年前完成的《逻辑的科学》，所以表面上它占有一个**模棱两可**的位置，它似乎暂时还是现象学—体系的第二部分，而在其出版时实际上就已经是新的、哲学全书—体系的第一或奠基的部分了。

4. 黑格尔在《哲学全书》的前言中不再提及《精神现象学》；因为它现在不但不再是体系的第一部分，而且根本就不再是体系的一个主要部分了。

通过不再沿用《科学的体系》这个总标题以及缺少了作为"第二"部分的标志，可以猜测到，在《现象学》出版五年之后，在1812年《逻辑学》出版时，现象学—体系已经被放弃了。从**卡尔·罗森克朗茨**（Kral Rosenkranz）1840年在第ⅩⅧ卷出版的《哲学概论》①著作中可以推断出，在1808到1811年间哲学全书—体系就已经确立了。此外，黑格尔《哲学概论》中教学素材的分布——他在纽伦堡当高级中学教师时就作过有关报告——非常清楚地表露出哲学全书—体系的优先地位。

第一阶段，初级：法、义务和宗教的学说；

第二阶段，中级：精神现象学和逻辑学；

第三阶段，高级：概念论和哲学百科全书。②

在这里，看来甚至逻辑学的真正完成才被当作哲学全书—体系的开始和基础，而此时在这个体系中，精神现象学还没有完全被去掉，它以变化了的功能被纳入全书—体系中，这个体系分三部分：

A. 逻辑的科学；

B. 自然哲学；

C. 精神哲学。

---

① 《黑格尔著作集》，老朋友团体出版的完整版，第ⅩⅧ卷，《哲学概论》，Karl Rosenkranz 出版，Berlin1840年。

② WW ⅩⅧ，第1、77、121页。

这第Ⅲ部分又被三重划分为：

第 1 部分：主观精神；

第 2 部分：客观精神；

第 3 部分：绝对精神。

体系第Ⅲ主要部分的第 1 部分，主观精神的哲学，再次被规划为三节：

A. 灵魂；

B. 意识；

C. 精神。①

在体系第Ⅲ主要部分的第 1 部分引导性的第 307 节中这样写道："主观精神[是]

（a）直接的，**自然精神**——通常所谓的**人类学**的对象或**灵魂**；

（b）作为在自身和他物中的同一个反思的精神，**关系**或特殊化——**意识**，精神**现象学**的对象；

（c）**自为存在着的精神**，或作为**主体**的精神——通常所谓的**心理学**的对象——在**灵魂**中**觉醒了**的意识；意识把**自身设定**为**理性**；主观理性通过其活动解放自身而成为客观性。"②

主观精神这三重区别通过对 anima(灵魂)、animus sive mens(思想或精神)，以及 ratio(推理、规则、理性)的区分而被历史性地阐明。

现在，《精神现象学》变成了体系第三主要部分中第一部分的中间章节，而不像以前那样被计划或规定为体系系统的第一部分，现在，《精神现象学》在最终的体系系统内消失在同一个体系的角落中。《精神现象学》仍然被保留在其同样的教学内容中，但它在新的体系中具有另外的且非常有限的系统功能。

---

① WW ⅩⅤ,内容通告,第ⅩⅠ-ⅩⅥ页。

② WW ⅩⅤ,内容通告,第 209 页。

黑格尔在接下来几年里,实质性地构建了哲学全书—体系。与1817 年的所谓海德堡全书的最初形态不同,1827 年的第二版本质性的内容更加庞大,1830 年第三版又一次进行了扩充。在第二版中,黑格尔采纳了 1818 年 10 月 22 日在柏林授课时针对听众的开场白作为序言,这个序言的**结论**表明了哲学全书—体系的**基本立场**,并由此根本性地表明了黑格尔的形而上学:"最初隐藏或封闭着的宇宙万物之本质,本身无力对抗认识的勇气,它必然要在其面前显现出来,并将其广度和深度摆到认识眼前以供享受。"①

　　哲学全书—体系的构造,表明了朝着目前的形而上学基本结构的决定性回转。Metaphysica generalis(一般形而上学)对应着《逻辑的科学》的优先位置,Metaphysica specialis(下属形而上学)的最后部分(康德意义上**真正的**形而上学),即理性神学,对应着绝对精神的哲学,Kosmologia rationalis(理性宇宙学)对应着自然哲学,而 Psychologia rationalis(理性心理学)对应着主观和客观精神的哲学。虽然这个传统的基本结构,对于现象学—体系来说就已经确立了,但那还只是就体系的第二部分而言的。

　　指出这些变化,当然只是外在地标画了从现象学—体系到哲学全书—体系的**转变**。关于这种转变的**内在**必然性问题及其形而上学的重要意义,关于两个体系在黑格尔形而上学中隐秘的平等资格和共同归属性问题,关于近代一般形而上学本身所突显的体系特征的本质和发展的问题,所有这些问题都要求一种思考,这种思考处于"历史的"黑格尔研究的视野范围之外。而目前对《精神现象学》所尝试进行的阐释,只是想在这种思考的范围内先行说明或指出,这种形而上学现在和将

---

　　① 《哲学科学百科全书纲要:用于其讲座》,黑格尔,第二版,Heidberg,Verlag August Owald,1827 年。——前面提到的就职演说被收录于朋友团体出版的著作集第 XⅢ 卷中。参见,同上,第 XⅢ 卷,关于历史哲学的讲座,第一卷,Karl Ludwig Michelet 出版,Berlin 1833 年,第 6 页。

来都同样直接地,犹如西方思想最古老的箴言那样侵袭着我们。

在前面提到的关于"宇宙万物"的言论,即对于黑格尔来说同样是关于绝对的言论的结论中,当他说宇宙万物本身没有抵抗的力量,面对形而上学认识所表现的勇气而坚守其封闭着的本质时,就会产生问题,**为什么**对于绝对来说缺失这种抵抗力呢?答案是:由于绝对依其本性就不可能抗拒展现活动,而是相反,它本身就**想要**展开。这种自我展示的意愿是它的本性,显现是精神的本质意愿,正是出于对绝对的这种本质意愿的洞见,黑格尔才说了那句话。所以,对绝对的这种本质规定是哲学全书一体系的前提条件,但这种前提本身情况又怎样呢?如果体系基于某个前提之上,而前提本身还没有得到论证,更确切地说,被绝对地论证的话,那么,它有资格提升为绝对体系吗?黑格尔实际上已经实施了对绝对的这种本质的论证,而这种实施就是在《精神现象学》中完成的。**如果**绝对想要展开是由于其本身就有显现的意愿的话,那么,这种自行展开,即显现活动就**必然**属于绝对之本质,本质和显现在这里是同一的。这个绝对就是精神,精神就是自身认识着的知识,是在这种认识中本身要求着它自己的、本身作为一切存在者之本质根据的知识。精神就是绝对知识。但由于显现属于其本质,绝对知识就必然表现为显现着的知识。绝对知识就是这样**从自身**出发给予人的认识之勇气以可能性,**为**这种认识活动而展开,并根本上**在**这种认识活动所认识到的东西**中**存在。反过来,所有人的认识活动就其了解绝对而言,都是事先将显现着的知识之自行展现活动付诸实施。然而,显现着的绝对之自行展现的这种实现,只有**当它与绝对相适应时**,本身才可能成为**绝对的**。科学必须把这种绝对的自行展现从它那方面付诸绝对的实现。如果《精神现象学》就是这种实现的话,那么冠以这样一个标题的著作就是在冒险完成一项形而上学的任务,它以前根本无须承担,而以后也根本不再可能承担这样的任务。所以,这部"著作"是独一无二的,而且在某种特别的意义上是形而上学历史的特殊时刻,我们借助这部"著作"

所指的不是作为某个人的黑格尔的思想上的成就,而是作为一段历史之事件的"工作",在这段历史中或对于它来说,一切人的成就都被要求具有某种特有的持久性或规定(此一在之迫切性)。

黑格尔的确以他的方式意识到了《精神现象学》的任务之独特性,而且没有低估本质性的困难,否则他就不会给这部著作写一个内容特殊的"导言",并在这个"导言"之前再写一个"序言",像这样的事情在西方思想之历史上绝无仅有。

"序言"或"导言",如果通常本该介绍些什么的话,那就应该给"门外汉"指出进入著作的通路。在为科学著作而做的"导言"中,完成这种任务并不困难,因为日常概念或科学思维坚持直接面对存在者的态度。在**哲学**思维中不可能有某种"导言";因为这里**不**会经常或意外地发生从日常思维向思想家的思想的飞升,由于这种思想讨论的是存在,而存在根本或从来都不会在作为某个存在者的存在者之中被遇到。这里**只**有跳跃和跃入,"导论"在这里只能用于为跳跃做准备,就是说,把面对存在者的态度和对存在的思想之间必须被跳过的鸿沟带入视野之中,使跳跃开始时不至于太过仓促(这种跳跃为什么是可能的? 前哲学的存在之领会)。而"在""哲学""中"的任何导言,都还必须明智地与不一居于一其中的内容取得一致,并进入领会**它们**的视域之中,因此,"导言"总是或必然要与其本来的意图相悖。

尽管导言无须徒劳地为跳进思考存在者之存在的思想做准备,但现在,不仅应该在黑格尔的形而上学中——在一般**德国观念论**的形而上学中——去思考存在,而且在这里必须以**绝对**的方式,绝对地去思考存在者其**作为**绝对的存在。这里需要一种还必须跳过它本身的跳跃:绝对地跳入绝对中。《精神现象学》的展现就是在冒险完成这种跃入。

通过这些说明就清楚了,我们讲解《精神现象学》的这些尝试,在所有方面都还是令人生疑的。此外,当我们现在既没有先行确定著作本身的,也还没有确定其"序言"和"导言"的知识的时候,我们下面该怎么办呢？我们需要以黑格尔本人借"导言"给他的著作所提供的说明作帮助，当然，我们为此必须坚持把这不多的几页，事先当作最终必然被熟悉或把握的东西来对待。它们是对前面所提到的、位于整个著作之**前**的**那个**标题的解释，标题原来叫作："意识经验的科学"黑格尔在排印期间恰恰删掉了**这个**标题，它只是在第一版的统稿样本中被保留着，在被删除了的标题的位置上，黑格尔填上了最终的措辞：《精神现象学的科学》。在通常被使用的《现象学》全集版中（1832 年），看不到被删除了的标题，而与其相关的、少了**这**方面明确说明的"导言"仍然保留着，在其中提到了这件事。与显得宏大的"序言"不同，"导言"反正也是作为微不足道的东西，以至于人们充其量只会偶尔从中摘引某个段落或另一段落作为"引文"——而这些引文同样总是不被人所理解。"导言"说明了**为什么**"意识经验的科学"必然存在，以及由于其必然性的原因它本身之所是。如果我们对照**第二个**标题《精神现象学的科学》，那么，我们马上就会看到，即便首先只是在形式上，后者的"精神现象学"就是"意识的经验"。解释"精神现象学"，因此就意味着：基于"导言"说明当黑格尔在这里，即在绝对形而上学或"思辨"的领域内谈到"经验"时所思考的东西，意味着要说明，如何去理解"意识的经验"所意指的东西，意味着要说明，"意识经验的科学"必须要在什么意义上被思考（见，下文第 101 页及以下）。由此我们就清楚了，这里首先需要一个解释，说明在近代形而上学中"意识"这个称谓指的是什么。

"意识"对于 conscientia（共知）来说，即对于**那种**与人的一切行为方式一道被共知的知识来说，并不是完全清楚的名称，就其如前面所提到的，与 mens（心灵、精神）或"精神"相关。"精神"表达自身，即**作为自己**而表达自己，它由此而说"我"。如果意识一并知道其所知和其知的活动都"是"与自己相关的话，它就**是自我意识**。意识之本质就是自我意识；每一个 cogtio（我思）都是一种 ego cogtio me cogitare（我思考"我思"），videre（看）或 ambulare（走）同样是一种 cogitare（思），只要它们是真实的,即确定地,以 cogitatum im cogito me videre, cogito me ambulare(对"我看"之思考和对"我走"之思考中的思想)的方式而存在。因此,笛卡尔 1646 年在《哲学原理》的第一部分第 9 节中这样说: cogitation nominee, intelligo illa omnia, quae/nobis consciis/in nobis fiunt, quatenus eorum in nobis conscientia est. [①]"在'思想'('意识')的名义下,我理解所有那些在我们内心发生的、我们**自己共**知的、发生过的事情,更确切地说,是**就**我们心中对所有那些事情都有某种共知**而言。**"

意识不是单纯的 perceptio(把握),把握着摆到一面前的活动(Vorstellen),而是 apperceptio(统觉),一种随**我们**一同把握着的、设立到**我们**面前的活动。而这样一同被表—象出来的本己,依其本性并非附加性地除了指向通常所意识到的东西之外,还进入向来直接指向诸物的意识之中。自我意识就其内容而言,不仅仅是被本己的表—象**所充实**的意识,而且对于诸物的意识就是**本质性的**或**真正的自我**意识,虽然大多数情况下是那样一种意识,即那个本己没有被特意地表—象出来或以某种方式被忘掉了的意识。自我意识中的本己**首先**是意识与被意识到的东西之关系的一个**方面**,而**同时**,即**真正说来**又是整个关系本身。这种关系包含了意识的基本状况,黑格尔称之为"反思",但这个名称不能心理学地理解为反应,而是要存在论地理解为一切所意识到的东西本身的,因此在本己中的意识之真实的折射或反射的结构性关系。黑格尔不是把"反思"理解为**目光**的回转,而是理解为发着光的或显现着的东西,即**光**本身的折射。("反思"在康德的"反思概念之歧义"中就已经被形而上学存在论地思考了,而不是主体—心理学地思考。)("反思"和否定性的本质统一;意识就是作为在自身和他物中的同一个反思的

---

① 笛卡尔,Principia philosophiae《哲学原理》,第 9 节。OEuvres de Descartes. Publ. par Charles Adam et Paul Tannery. Paris 1897—1910. Vol. Ⅷ , 1, p. 7.

精神。)

由于意识本质上就是自我意识,而且必须从本己出发而得到把握,而本己从自身**出发走向**对象,并且以这种走出的方式展示或显现自身,所以,作为自我意识的意识就是**显现着**的知识。意识,从其本质上理解,就是知识之**显现的要素或以太**,本身只不过就是作为自我认识的东西,即作为 mens sive animus(精神或思想),即精神而**存在**。

人是他自己,能够说"我",本身就知道自己而且具有"自我意识",这些情况对于西方思想来说再熟悉不过了。赫拉克利特说(残篇101):ἐδιξησάμην ἐμεωυτόν[①]"我——追随着我的本己——听从这个本己。"但灵魂的这种"自言自语",在希腊文化和基督教中,同样在奥古斯丁的"独白"中,根本不同于作为自我意识或自我确定性的"意识",意识构成了近代所理解的真理之本质,即现实性或对象性。黑格尔在他关于比较晚近的哲学史讲座中,在讨论了**弗朗西斯·培根**(Francis Bacon)和**雅克·波墨**(Jakob Böhme)之后说:"我们现在才第一次真正达到了新世界的哲学,这种哲学始于笛卡尔。从他开始,我们真正地踏入了一种独立的哲学,这种哲学知道:它独自从理性而来,而**自我意识**是真实的东西之本质环节。在这里我们可以说:我们到家了,就像水手在惊涛骇浪中长期漂泊之后可以高呼'陆地'了那样;笛卡尔是那些使一切都重新开始的人中间的一个;近代的文化、思想都是从他开始的。"[②]——"在这个新的时代,原则就是**那思想**,从自身出发的思想。"[③]

用我们的话也可以这样说:意识现在是一切存在者之存在的本质,一切存在都是"意识"的对象性。近代形而上学通过意识的要素而成其

---

① Hermann Diels,《前苏格拉底残片,希腊的和德国的》,第 5 版,Walther Kranz 出版,第一卷,Berlin 1934. 年,第 173 页。

② 黑格尔,《历史哲学讲座》,WW 第 XV 卷,Karl Ludwig Michelet 出版,Berlin1836 年,第 328 页。

③ 黑格尔,《历史哲学讲座》,WW 第 XV 卷,Karl Ludwig Michelet 出版,Berlin1836 年,第 328 页。

所是,因此,当黑格尔为了某个时刻给这部近代形而上学在其中完成的著作加上"意识经验的科学"这样的标题时,那么,我们就不能放过这个时刻所闪现的光芒,而是必须从其出发尝试去澄清这部著作。这种必然性之所以先于一切而无法回避,是因为尽管上述标题再次消失了,但是在著作的进程中,在关键的段落中随处都有关于"经验"的话题。所以,我们要追问:在绝对形而上学及其无条件思辨的领域内,这里的"经验"意味着什么?"意识的经验"意味着什么?

借助导论讲解"意识经验的科学"这个标题,在目前的场合下当然不可能如其必需的那样,通过正规的、连续的解释导论文本来进行。对"导论"之结构的概览或了解必定满足于权宜之需。"导论"由十六节组成(1-16),我们将其分为五大块(Ⅰ-Ⅴ),这里只讲解最开头的四部分(1-15)。

Ⅰ. 对显现着的知识加以展现的论证
("导论"第1~4节)

哲学,即形而上学所关涉的是真实的知识或存在者之真理知识。真实的存在者对于德国观念论形而上学而言就是绝对。如果绝对应该在这种形而上学中被认识的话,那么,这种规划就处于康德哲学的阴影中,其《纯粹理性批判》的意图就是,通过充分论证了的划界,去弄清楚绝对之思辨知识的本质。确保自己的先行观念或一切立场,一般来说是近代哲学的基本特点,所以,在那样的一个"自然的想法"(natürlichen Vorstellung)的时代,与绝对之认识相应的,就是对认识本身**先行**进行反省式的考察。

因为黑格尔想要"引导",他就必须以"自然的想法"为出发点。那个起点因此就这样贯穿渗透到整个"导论",黑格尔使"导论"每迈出新的一步都从那样的"出发点"开始,以便随后指出,在何种程度上流行的**看法看起来**正确,但却并不真实。更明确地或在黑格尔的意义上讲:流行的看法认为,在认识活动之前要对认识进行某种先行的考察,其实这暗示着某种其他的东西。

所以,黑格尔绝不否认,完成了的绝对的知识必然先行于对认识之"检验",只是,这种检验方式及这种检验之本质所应该服从的对绝对之认识,如果从根本上说,只能通过绝对本身来规定。

当我们以流行的方式从事于认识及其能力的检验时,我们就此已经拥有了某种认识的概念,这种认识被视为一种"工具",通过对其使用,我们谋得有待去认识的对象。但为了能够确定工具合适还是不合适,我们当然必须已经认识了有待认识的对象,有待认识的与绝对的关系已经被先行设定了。同样,如果认识不仅被理解为"工具",而且被当作真理之光以到达我们的"媒介","工具"或"媒介"两者都具有手段的特点。而如果我们把对绝对的认识理解为手段,那么我们就**错**认了绝对的认识和绝对本身的本质和意义。因为,正是绝对之本质,本身包含着所有相对和一切与相对的关系,并因此也包含着一切相对与绝对的关系;否则它就不是绝对。所以,绝对绝不可能是某种东西,我们通常要借助随便某种"工具"才可能接近它,同样绝不可能是最初**不**在我们近旁的东西。绝对作为绝对"自在或自为地就已经在我们近旁"*存在*了,甚至:"它想要在我们近旁"(WW Ⅱ,60)。① 同样,认识不是介于我们和绝对之间的一种媒介,认识也不等于认识之光通过媒介的折射。或许,认识就是"光线本身,真理通过它而触及我们"(同上)。

　　以引导的方式,甚至几乎是顺带地,在从句中隐藏着,黑格尔在"导论"的第一段就说出了其形而上学所具有的结果:绝对已经在我们近旁或想要在我们近旁。认识是绝对触动我们的光线,而不是一种我们沿着绝对的方向"随后"实现的规划。真正回忆形而上学历史的话我们应该知道,这种历史从柏拉图和亚里士多德以来,所思想的不过就是存在者之为存在者,由此同时思想最高存在者(τιμιώτατον ὄν＝τò θεῖον)(最高存在者＝神),更确切地说,作为根据的这种最高存在者,以及一切存在者并由此思想存在之原—因(Ur-sache)②(ἀεχή-αἴτιον)(原初—起因)。由于存在者之为存在者(ὸνῇὸν)被思想,形而上学就是存在学的;由于存在者之为存在者从最高存在者出发被思想,形而上学就是神学的;形而上学其本质上就是存在—神学的。这不仅仅适用于柏拉图形而上学和亚里士多德形而上学,或仅仅适用于基督教形而上学,同样,近代形而上学从笛卡尔到尼采都是存在—神学。ego cogtio(我思)的自我确定性之原则的根据或明证,在 idea innata substantiae infinitae,

---

　　① 编者注释:出自《精神现象学》的引文,接下来将根据著作版(参见,前文第65页注释1和2)以简化的形式直接指出被引用文本的段落。

　　② "Ursache"的意思是原因、起因、动机,被拆分为"Ur-sache";字面意思是:原始的事情、本原的事实。——译者

070

也就是 Dei(无限实体,即神的天赋观念)中具有其基础,也就是说,每一个单子(Monade)都以确定的视角看到宇宙万物并因此看到神的中心单子。人的一切理性作为其本性与存在者的基本关系,按照康德的说法,通过实践理性的悬设得到规定,最高的神,作为无条件的东西之实存由之而被设定。而存在作为"强力意志",按照尼采的说法,同样也只有在无条件的东西**的**基础上才是可能的,他只还能将之表达为"同一事物的永恒轮回"。

就黑格尔所说的"绝对已经在我们近旁",以及"认识是绝对触动我们的光线"而言,他说的是同一回事。但他同时也是与众不同地说这同一个东西——从最终的无条件性,他设定为最初的东西出发。一切存在—神学规定了的形而上学之最初前提的这种明确而首先是有意识的设定,我们必须最终作为其所是的东西来理解。设定是批判的我思之最高决定,我思从笛卡尔开始,首先由康德带进其领域(先验的),它是无限制的、将批判的界桩置之脑后的玄想的对立面。关于绝对知识之本质的知识本就知道自己是作为绝对的知识,知识就其本质性而言,全然就是"那"科学①,科学只凭自己就能够或必然知道它自己的本质,它就是"科学学"(Wissenshaftslehre)②,这就是费希特用作称呼绝对形而上学的德国的或近代的名称。这种形而上学不是要背离"批判",而是以其无条件性把握"批判"本身。它考虑的是,鉴于对绝对的认识,最高的谨慎就在于,一开始就要严肃地对待此时此地所认识的东西。而如

---

① 海德格尔解释黑格尔的文本中经常出现"*die* Wissenschaft"即"科学"一词,其冠词"*die*"被斜体突出,意在强调黑格尔意义上"那"作为整体的科学,但中文翻译无法体现,只好在出现这种情况的地方将字体变为**楷体**以示区别。——译者

② 如果"Wissenschaft"按通常翻译为"科学"的话,那么"Wissenshaftslehre"字面意思就是"科学学""科学原理",这里只是为了顺前句话"科学认识自己"的意思翻译。但一般说来,把"Wissenshaft"翻译为"科学",总使得现代人想象近代自然科学,不如翻译成学问、知识、智慧、学识等,所以通常把"Wissenshaftslehre"翻译成"知识学"比"科学学"好些。——译者

果"科学"如此不假思索地就说出了绝对或对绝对的认识,那么,可以说它仍然是作为日常看法或类似的事实的其中之一而简单地出场,而单纯的登场或自行突显还并非身份之显明。所以,黑格尔针对"导论"第Ⅰ大部分的结尾(第4段)这样说:"科学,它出场本身是一种显现;但它的出场还不就是它在其真理中被阐明或展开了。"(WWⅡ,第62页)

单纯的出场有悖绝对知识之本性。如果它已经显现了,那么这种显现必然这样来展现,即,绝对在这种展现中绝对地将其特有的显现着的本质显现出来。而绝对显现则说明:完满的本质通过显现活动而充分地展示,固然,在那样的显现活动中,空间或以太,即显现的"要素"也首先同样或同时得以显现。而那些要素,即绝对精神自行展示为绝对知识的场所,就是"意识",这就是通过其显现活动而显现着的知识。

显现着的知识之展现是必然的,以便使"科学",即对绝对的系统认识之出场,超出单纯的某种未规定的要素形式的出场,并以此使绝对的显现符合其本质,也就是说,使之绝对地成为它自己。

现在,对绝对的认识既非外在于或脱离绝对的工具,也非那样的媒介,毋宁说,对绝对的认识作为意识,是基于绝对本身或从绝对中发展出来的、其显现的要素,**是**这种显现的各种不同形态。对绝对的认识不是一种"手段",而是显现着的绝对本身贯穿其显现阶段而达到其自己的进程。这里所关系到的既不是对认识能力的批判,也不是对认识方式的偶然描述,而是绝对本身在其由此才首次展开的显现要素中的自行展现。

绝对绝不以简单的、其他东西之外的形式出现,不会在随便什么地方存在或显现,即相对于某种不是自己的东西而存在或显现。绝对本质上只能绝对地显现,也就是说,通过完善其显现等级的赦免活动

(Absolvieren)①而显现，通过那样的赦免，它从单纯出场的简单外表中赦免或开脱出来。绝对之显现的这种解脱着的完成（"赦免"），被称为绝对的赦罪。对绝对的认识绝不将其作为手段，即作为某种相对的东西给绝对添麻烦，而是说，如果它存在的话，它本身就是绝对的，即赦免的，也就是说，是绝对实现它自己的进程或道路。

所以在接下来的部分中同样将再三谈及"道路"，而显现着的精神之自行展现将被描画为"进程"。

---

① "Absolvieren"宗教含义是赦免、赦罪，还有毕业、完成、结束的意思。——译者

Ⅱ. 显现着的知识在其特有的本质之真理中自行展现为进程("导论"第5～8节)

如果我们按照日常概念方式将认识理解为进程,而如果我们这时从意识达到其本质真理,即通向精神之进程中倾听的话,那么,我们就可以事实上"从"自然意识的"立足点"出发,把所有这一切理解为通往绝对精神的"灵魂之路"。于是进程就是一种 Itinerarium mentis in Deum(精神迈向上帝的旅程)(波那文图拉)。事实上,迄今为止解释黑格尔的《精神现象学》的所有尝试,的确都是在那样一种"自然意识"所穿过的进程的意义上来理解这部著作的。只是,黑格尔确实明确地说(第5节),人们"可以"从自然的,即非哲学的意识出发来理解《精神现象学》。但因此恰恰就表明,这种理解在哲学上是不真实的,因为这并不涉及某种摆在自然意识面前的,或作为漫游者沿着绝对的方向所穿行的道路。或许黑格尔所意指的进程,是绝对本身所走的**那**进程,它在这样的进程中,遍历其道路及其目标,以及其完满显现之真理。就此而言,作为一种知识的自然意识表明,它本身还没有实现知识之真理,所以必须放弃其顽固。但这里日常意见会再次冒头,并把意识通往其真理或确定性的这条道路,按照笛卡尔的方式理解为怀疑的道路。而从怀疑的道路上来,其目的仅仅在于,在经历了可怀疑的东西之后,事情将依然如故并得到确信,和怀疑出现之前一样。怀疑的道路简单地固守于**那种**确定性,怀疑作为对自己本身及其合法性的确信,已经先行设定了那种确定性。显现着的知识达到其本质真理的进程,是思考意识之**本质**的第一步已经在其中迈出的进程,而就此必须认识到,最初被把握了的本质,本身来看,绝无希望将绝对带入其真理,也就是说,赦免或赦免地显现绝对之真理。绝对在进程中自行显现的第一步,就要求紧接着的适合于同一进程的下一步,只要这进程还没有作为意识的诸本质形态之整体被赦免,进程就会继续,或者说,只有在赦免中它才是绝对的。所以显现着的知识之进程从每一步到下一步都是"绝望的道路"(第 6 节,WW Ⅱ,63)。即使先行阶段必然被放弃,所以它们也还必然被保存着,赦免绝不应该是丢弃,而是达到绝对之唯一的形式,但"失望的道路"毕竟是一条没有希望的道路,在它上面恰恰没有什么或根本不再有什么东西显现出来。因此,不断地在赦免中放弃先行的阶段必然是接受它们,意识之当时的本质形态由此得以被接纳;于是才可能作为终究被接纳的东西在进展中被保存。显现着的知识的进程,是其本质达于显现的诸形态之扬弃,而"扬弃"有三个层级:意识所穿过的诸形态不仅当时在一种 tollere(消除、抬举)(彻底移除)的意义上被接纳,它们同时在一种 conservare(保持,保存)的意义上被(保存)。这种保存是一种传送,通过这种传送,意识交送出其所穿过的诸形态本身,意识通过这种方式抓住并保有其显现的本质后果,于是在一种双重化的意义上"扬弃"。意识就这样自行展现着,在某种历史中实施其显现活动,这种历史这样关系到其本质的形成,即,通过这种形成本身自知其显现的完满性。"意识在这条道路上所穿过的它那一系列形态,毋宁说就是意识本身**形成**科学的详尽历史。"(第 6 节,WW Ⅱ,64 中间)

现在,日常看法借助一个问题又重新冒了出来。如果显现着的知识之自行展现是所描画的意识形态形成史意义上的进程,那么,这种进程从何处获得诸形态之完满性的原则,它究竟从何处获得其目标并由此获得进展步骤之规则?黑格尔在第 7 节和第 8 节针对这个问题给予了回答。然而,对于非哲学的看法所提出的这个问题的回答,正如这个"导言"中随处可见的那样,只可能在于,问题本身被"正确地提到"了。这种情况通过指出以下这一点而发生,即,流俗看法的那个问题并非着眼于**这样的东西**提出的,而只有那样的东西才成问题:绝对和对绝对的认识。

进程是显现着的绝对达到在其近旁存在之本质的进程。进程的目标既非完全在进程之外，也不是仅仅在其终点处，目标是开端，进程由此出发开始或迈出它的每一步。意识的诸形态不是这样相互接续的，即目标的形态最后显现，毋宁说，最初的形态本身就已经是绝对的某种形态了；它们在绝对之绝对性中从一开始就被提升了（elevare）。换句话说：作为绝对之本质显现的最初阶段所显现的东西，通过绝对而得到规定。所以，如果《精神现象学》按著作目录表面上所指出的，从**感性确定性**"开始"并以**绝对精神**"结束"，那么，从感性确定性的这种开始，并非是顾及最初停留在知识的这种形式中的人而设定的。毋宁说，《精神现象学》之所以从感性确定性之**本质**的显现开始，是因为知识的这种形态是最极端的外现，绝对本身可以释放于其中。而如果它释放于其中的话，那么鉴于其本质的形态，它就被疏远到最空洞、最贫乏，与其本身的完满性相距最遥远的地方。而与其自己的这种本质性的疏远是一个基本条件，以便形成绝对穿行返回其自身的某种进程的可能性，更确切地说，这种可能性是出于自身、为了自身而自行形成的。如果绝对知识达到自身的进程，作为穿越其显现的本质形态的进程，具有扬弃的基本特点，那么，按照其真实的和基本的本质，这种扬弃首先是上升——在绝对中被提升。如果我们没有忘记那看来只是对第一部分的顺带注释的话：绝对本来就在我们近旁，也就是说，它已经在意识最低级的形态中，而我们的认识是作为绝对真理而触及我们的光线。

在第 8 节描画意识之进程的目标时，黑格尔说："而意识本来就是它自己的**概念**。"（WW Ⅱ,66）意识依其本质就是自我意识，而"意识是自我意识"只是其本质，也就是说，它本身自**为**地就是其所是的东西，作为自我意识本身，它由此知道其本质的完满性。这种自知着自己的知识，按照黑格尔的说法就是"概念"。

因为意识只不过是作为其概念而存在，作为这种自己把自己带到其本质形态面前的东西，意识通过自己超出自己而达到自己。"所以，意识自发地忍受着暴力（也就是说，在绝望中必须超出其每一个阶段），

自行破坏有限的平静。"(同上)

作为这种在其自己的本质之真理领域被揪出来的东西,意识本身以其显现中所是的东西而"出"现。意识展现它自己,它就是展现本身或作为这种展现而"存在"。意识之自行展现的进程在其诸形态的分级关系方面,在所描述过的接纳(tollere)、保存(conservare)和提升(elevare)三重意义上,具有扬弃的基本特点。而现在,在第三段所提到的扬弃方式,在意识之实现了的本质中(即在其真理和"现实性"中)提升,就是事实本身,或者说,依"本质"在扬弃之整体中首要的或基本的事情。意识作为自我意识在提升到绝对的过程中先行存在并运动着,它向来只能通过提升而接纳它所意识到的东西,以便在提升中把这种所意识到的东西的意识作为一种形态来保存。

从另外一种角度出发,人们把对所意识到的东西之单纯接纳或确定描画为正题,把这样确立的所意识到的东西,为意识而回撤到自我意识中描画为反题,把两者在提升着它们的统一中的总括描画为合题。如果人们按照日常想法的顺序思考,那么意识的进程就从正题出发,转入反题然后上升到综合。鉴于这种进展,人们会对黑格尔提出问题:究竟应该如何发现从正题到反题,以及从两者到合题之进展的引线呢?人们实际上是顺从了对这种进程的日常想象,并有理由找不到这个进程的引线。所以,人们开始疑虑并最终走向反对或谴责黑格尔,说他纯粹是出于任意而安排这种三步式的进程,甚至不得不这样安排。因为如果仅仅正题被设定,当然就还缺少反题应该从中得以理解的方向和领域方面的任何指示,而当这个反题被设定,仍然还是成问题,人们会考虑应该按照哪方面去把握作为综合或统一的对立。

但这种常常从足够"哲学的"方面提出的对黑格尔思想的批判,根本就不是哲学的思考。他们完全忽视了,综合才是根本性和引导性的环节,通过那首先支配着提升的暴力,就已经界定了那些值得conservare(保存)并因此而要求 tollere(消除)的东西之范围。为了意识之进程得以在其显现中展现出来,展现着的思想必须先于一切而思考综合,并从合题出发思考正题和反题。而这合题作为绝对的不是由我们"造成"的,而只是由我们来实施。因为合题或绝对的提升本来就是黑格尔在"导论"第一段就提到的,当他说到两方面:绝对已经在我们近旁;认识是光线,作为那真理(绝对)本身触及我们的光线。人们无视这些,由于人们看不清那已经在意识之本质中起支配作用的"绝对的暴力"(WW Ⅱ,60),那么,思考意识之进程或知晓这种进程之进展的内在法则的任何尝试都将是徒劳的。

这一点也同样适合于相反的情况:如果我们从一开始就从意识之原初的提升和综合出发来思想的话,那么,对于进展之方式,因而对于有待经历的诸形态之完满性而言,规定的根据就已经形成了。只要意识本身还没有无条件地知道它的真理,本身还没有自在而自为地成为它自己,它就将被其绝对本质的暴力所逼迫着进展。进展之每一种形态,以及从一个形态到另一个的过渡,也同样由进展的这种目标所规定:这就是通过内在地着眼于绝对自我意识而自行规定着的自我意识的诸形态或阶段。进展中发生着的对先行形态的否定,绝非空洞的否定活动,这种否定既不仅仅单方面地遵循被扬弃阶段的方向来设定或发出,否定也不是沿着进展之空洞的未被规定的方向行进。进展中的否定,因而其本质是"规定了的否定",黑格尔在"导论"第7段对之进行了讨论。

而现在,由于进程通过提升来承载和引导,进展中就包含有从每个低级阶段向高级阶段的一种上升。而由于这种上升着的进展本身就是从一个阶段向另一个阶段区别着地过渡,这就表明,显现着的知识之自行展现着的、较低级的从较高级的分离并区别着的进程,具有**检验**(Prüfung)的特性。

检验——在康德时代听起来就像对认识进行"认识批判的"考察,为了那样的意图,认识就像某种"手段"一样本身被隔离。但普通思想首先立刻就会提出问题，究竟应从何处获取这种"检验"的尺度。关于尺度之获取和检验，黑格尔再次准许日常看法介入，通过这种方式，他在"导论"接下来的主要部分中，讲解了对于显现着的知识之自行展现进程来说本质性的东西。

Ⅲ. 显现着的知识进程中检验的尺度和检验的本质("导论"第9～13节)

1. 形成着—尺度的意识和检验的辩证运动

　　检验意识的尺度,其情况是怎样的,检验本身应该是何种形式,这些问题,让我们通过从导论这第三主要部分中选取出来的黑格尔的两句话来回答。这是两句关于意识的话,与已经引用过的(见,前文第87页)出于第8段的话,即"而意识本来就是它自己的概念",处于**一种内在的关联之中**。一句出现在第12段开始的地方:"意识给它自己提供它的尺度……"(WW Ⅱ,68)。

　　意识在何种程度上作为意识并因此本身就是尺度性的,虽说,通过它是意识,即它"给它自己提供它的尺度",意识就已经给出了符合其本质的尺度? 黑格尔经过考虑说"给它自己"(an ihm selbst),而不是"自己本身"(an sich selbst),以便由此表达,意识首先不是事后附加的,此外还必须从自身出发而展开。黑格尔不仅通常在笛卡尔的意义上把意识思考为自我意识,以至于一切意识都成了就某个自我(Ich)而言的意识之所**是**,即,某个与表一象活动对立着的东西(对象)。黑格尔事先同样是在康德之"先验的"意义上思考自我意识,即着眼于意识对象之对象性,而对象之具体内容则基于或通过自我意识之原始统一着的(综合)功能而得到规定,它们构成了对象之对象性,以至于每一个对象本身,即着眼于其对象性,都必然放在自我意识,也就是说,意识之本质上来衡量。这是经常被引用而同时经常被误解并同样经常被肢解地引用的思想之唯一的意思,康德在其《纯粹理性批判》第二版序言(B ⅩⅥ)中,在把他先验的提问与哥白尼的问题相比照时表达出这层意思。原话是这样的:"迄今为止人们都认为,我们的一切知识都必须依照对象;

但在这个假定下，想要通过概念先天地构成有关这些对象的某种东西，以扩展我们的知识的所有尝试都失败了。因此人们不妨试一下，当我们假定对象必须依照我们的知识时，我们在形而上学的任务方面是否会有好的进展，这样或许将更好地与所要求的对象之先天知识的可能性相一致，这种知识早在对象被给予我们之前，就应当对对象有所断定。就此而言，这里的情况恰好与**哥白尼**最初的想法一样，当哥白尼假定全部星体围绕观测者旋转时，对天体运动的解释已没有希望顺利进行了，之后，他便尝试让观测者自己旋转，反而让星体处于静止中，看这样是否可能更容易取得成功。"

这个比照听起来完全不像普通思想意义上的"主观主义"，观测者应该绕着星体转，而不是这些星体绕着观测者转。康德提到这些，是为了通过与哥白尼革命做比照来阐释他自己的问题。但康德不是说，对象应该依照我们的知识，所以星体应该依照观测者吗？不——我们来准确地读一下，康德说，对象应该依照"**我们的知识**"，就是说依照意识之**本质**，这想要表达的是：康德让存在者本身静止并这样来规定它，即，他让显现活动，因而让表—象着显现者的观察者围绕着物本身而旋转。康德并**不**想说：这里的这棵树作为树，必须依照我在这里对其所意指的内容，而是说，树作为对象，在从一开始就属于对象性之本质的东西中，拥有其对象性的本质。**这种**对象性是对象的尺度，也就是说，自我意识及其统一着的表—象之原始统一，就是**那种**通过自我意识之本质而给予所意识到的东西本身的尺度。黑格尔说：意识给它自己提供它的尺度，因为它总已经说出了其对象之对象性，也就是自行说出了它自己本身。但黑格尔不像康德那样仍停留在人的自我意识上，而且还同时使自我意识本身明确地成为其本身的对象，并使原始的尺度这样在其自身中展开。实际上，就其关于自我意识之本质所发表的看法而言，康德同样已经这样行事了，他的表述是以一般理性之本质来衡量的。黑格尔的那句话："意识给它自己提供它的尺度"，所说的不仅是，尺度直接从意识之本质给予并**在**这种本质**中**发生;他用"给"这个词同样是要说,意识在其达到**其本质**的进程中总是使其尺度本身得以显现,并因此本身成为**形成着尺度的**(maßstabbildend)。随着绝对一步步地原始提升,因而这绝对本身作为意识之本质的完满性一步步地显现,尺度一级级地改变。意识本身对待它所意识到的东西("对象"),它通过**自行**关联于这些作为**它自身**的对象,意识就已经**自行**关联于**它本身**。据此,对象就是**对于**自我意识而言,其所是的东西。而这自我意识,当它为其自身的时候,即作为那构成对象之对象性的东西而显现,同样也是其所是。自我意识本身就**是**其对象的尺度,通过**与**这些对象,作为有待衡量的东西相关,同时通过与其本身,作为衡量者相关,自我意识通过这种双重相关本身,将有待衡量者与其尺度进行比较。**就**其作为同一个东西**而言**,自我意识同时是有待衡量者和衡量者。意识本身本质上就**是**这种比较,而假如其本身就**是**这种比较,那么**这就是本质性的检验**。意识并非偶尔在批判的情形下,而是在任何时候,只要它作为自我意识思考其本质,即对象之对象性,就会对其本质进行**检验**。因此黑格尔说:意识检验自己(第 13 节,WW Ⅱ,69)。检验之尺度很少从随便什么地方被带给意识,检验活动也很少从我们出发或偶尔在意识中被实施。意识之进程就其特有的显现着的本质而言,本身就是形成着尺度而同时又是检验着的。所以,意识**本身**就是**与其自己的争辩**。

意识之进程具有**扬弃**的基本特点,意识本身通过扬弃矗立于其本质的真理中,并使其本质的诸形态统一地作为本质的历史而显现出来。意识是双重意义上的一种争辩,是争执着的、检验着的自行拆解,是与自己本身的争论。作为这种拆解,它存在并摆出和解释自身,通过被聚集在自身中的东西之统一而自行解释。突出着公开促成着的聚集之本质,被希腊人说成是 λέγειν(说)。λόγος(逻各斯)的本质是 δηλοῦν(表明)、ἀποφαίνεθαι(证明)和 ἐρμηνεύειν(解释)。所以亚里士多德关于 λόγος 的论文就被冠以 Περὶ ἑρμηνείιν(关于解释)的标题(即:关于拆解着的让显现）。[与ιδέα（理念）和ισείν（看）以及与 εισέναι（看见、知道）的内在关系是清楚的。]通过争辩着的对话之统一而拆解着的凸显，就是 διάλογος（交谈、争论）——διαλέγεσθαι（对话）。被动式而含有主动意义的词以 διά 作为"贯穿"和"之间"的双重含义，提到了贯穿着事实情况并使**这样**来显现的自行言说的对话。对于柏拉图来说，关于存在者之存在的自行言说已经就是灵魂与它自己的对话了，διαλέγεσθαι 之对话—争辩的本质以改变了的、近代的和无条件的形态，再次转移到了黑格尔对意识之本质的规定中。意识的进程是三步扬弃着的正题—反题—合题的，在"辩证法的"原始意义上形成着尺度的检验活动。意识于其自身所制定的进程，是一种"辨证的运动"。现在，在迄今为止的13节中，自行展现着的意识之进程的本质已经进一步或统一地明朗起来，就是说，黑格尔从本身构成第Ⅳ大部分的第14节开始，可以转入"导论"的关键词句了。

2. 对迄今为止的解释（Ⅰ～Ⅲ）之回顾

因为黑格尔在随后的三节或者说"导论"的最后几节表述了《精神现象学》之本质的基本特点，所以，以回顾的形式事先总结一下迄今为止对"导论"的讲解是明智的。在对黑格尔《精神现象学》解释的一开始，我们指出了《精神现象学》在黑格尔形而上学中的不同角色和地位。在本身叫作《科学的体系》的最初的体系中，冠以"精神现象学的科学"标题的《精神现象学》仍然是体系的第一部分。"科学"，根本上讲，在这里就意味着："哲学"。《科学的体系》这个标题指的是仅与之相符合的展开了的"体系"形态的"哲学"。哲学作为无条件的、决定着一切的知识，本身就是"系统的"，只是其所是的东西，即作为"体系"（这个名称指的是科学本身的本质结构，而绝不是被拿过来追补在哲学知识上的某种顺序的形式）。最初的，由两部分组成的体系，着眼于《现象学》规定一切的地位而被叫作"现象学—体系"。第二个，由三部分组成的体系，在《精神现象学》显现之后必然立刻取得优先权的体系,把《精神现象学》仅仅认作是第三大部分的次级组成部分。《精神现象学》对于体系本身,因而对于德国观念论形而上学来说失去了体系之第一部分的角色,这种情况意味着,只有当《精神现象学》的本质被弄得足够清楚的时候,才能被估计到,才能真正从根本上被明确地追问。在这里,我们尝试在这些方面行进几步,确切地说,沿着一条简单的道路行进几步。

《精神现象学》是什么?我们摘引"导论"来回答这个问题,黑格尔在这部著作的长篇"序言"之后使其走到前台。"导论"引导的什么?如何引导呢?它是著作中所思想的思想为进行跳跃而助跑的准备。跳跃之准备作为讲解《意识经验的科学》这个标题而进行,但这个标题在1807年出版的著作中丢失了,同样在1832年的出版中也找不到,所以对"导论"的真正规定并不是立刻就会明朗。黑格尔把《科学的体系》本身的某个本质性部分称作"科学",按照费希特《知识学》的进程这是容易理解的。同样,对于在"意识"中拥有其根据和基础的近代形而上学体系而言,"意识"成为主题毫不奇怪,形而上学标画为"意识的科学"也很明白。与此相反,使我们感到奇怪的是,在一部绝对思辨的形而上学著作的标题中却出现了"经验"这样的词;因为"凭经验的东西",在一切形而上学中,而并不仅仅是在近代形而上学中,恰恰是那种非本质的,或者说,还缺乏本质之本质性的东西。

对《意识经验的科学》标题中"经验"概念的说明,必然会在澄清这个标题的中间部分,并因此在解释《精神现象学》之本质的核心部分遇到。这部著作之独一无二性源自西方形而上学其间所达到的基本立场。形而上学是出自其根据的存在者本身之整体的知识,它认识其真理中的真实的存在者。依照形而上学之存在—神学的本质,真实的存在者就是一切存在者之最具存在性的存在者(ens entium)(一切存在者之存在者),只从自身出发并穿透自身的存在者,即绝对。形而上学的知识其"最终目的"(康德)就是绝对的知识,德国观念论的形而上学首先清楚而明确地知道这一点,即只有当它们同样以绝对的**方式**认识的时候,绝对"**的**"知识才可能成为那样的知识。现在,形而上学要求绝对知识去把握其本质必然性,因此必须正当地证明其权利方面的这种要求,因为它还要本质性地超出对有限事物的日常认识界限。认识活动必须经受检验,看它是否或如何**可能**成为**绝对的**认识。更何况,在近代思想的范围内,这种检验依照对其持有的认知态度,尤其必不可少;因为对于近代思想而言,"真理"意味着证实着自身的无可怀疑的确定性,因此**绝对的**形而上学同样,或至少也不可能逃避"检验"和证明的要求。然而关键问题是,这种绝对认识之检验只可能以何种方式进行且必须被如何实施?也就是说,如果认识活动被检验,那么,先于一切对这种认识的检验活动,已经存在着一些关于有待检验的认识之本质的先行看法。关于认识活动的流行看法到了这种地步,即这种认识不是某种"工具"就是某种"媒介",因此无论如何都是一种"手段",介于认识者与被认识的东西之间,既非一方又非另一方。但现在,如果在绝对知识中认识活动是一种简单的"手段",那么,它就仍然在绝对"之外",因而不是绝对的。而作为"相对的东西",认识活动向来处于与⋯⋯的关联中,处于与绝对的关系中,因此,它无论如何都必然立刻,或从一开始就洞察到与绝对的**这种关系**,并作为认识活动之本质而以之为基础。但认识活动与绝对的关系,假定我们思考作为绝对之绝对的话,**只有当那绝对与我们**,与认知者相关时,才可能存在。这需要黑格尔的思想表现力的思想技巧,他在"导论"中几乎仅仅是顺带地,针对第一段的结尾而在从句中提到了这种绝对认识活动的本质。以指导原则的形式,黑格尔关于绝对或关于绝对的认识说了以下这些:

1. 绝对自在和自为地已经在我们近旁并想要在我们近旁(参见,WW Ⅱ,60);

2. 认识活动是"真理由之而触及我们的光线本身"。(同上)

但现在,着眼于检验活动之必然性必然会产生问题:如果绝对认识不可能是"手段"的话,那么它是什么? 以及:如果检验活动无须考察某种"手段"对它的适用性的话,那么检验以何种方式进行?

　　如果认识活动,我们的认识活动本质上是光线本身,是作为绝对触及我们的光线的话,那么这就表明,认识活动从我们出发被看作一种光线,即我们作为被光线所触及者所反射的光线,以便在这种反光中,沿着其相反的方向去追随那触及我们的光线。但这样,认识活动就不再是一种"手段",而是"道路"。认识活动的**这个**从西方哲学一开始就被宣告为 ὀδός(入口、道路)(μέθοδος)(方法)的基本特点,在《精神现象学》的"导论"中一再被提及。在服务于"导论"的任务方面,黑格尔总是从流行看法出发,但同时使之显然成为**不**合适的,他规定了在何种意义上,对绝对的认识具有"道路"的基本特点。无疑,目前人们可能还会说:将认识活动标画为道路,同样也是把认识理解为手段。当然,我们确实还是以同样的习惯用语来谈及"手段"和"道路"。

　　然而,如果认识是光线,那么,道路就不可能是一条本身现存着的,居于绝对和我们之间的,于是与两者不同的"路段"。在我们和绝对之间什么都没有,终究还是绝对,**作为光线**光临我们,我们只能这样来把握那种光临,即,我们通过迎向它的方式,走向那作为进程本身的光临。可是,这种进程绝不会首先离开,即外在于绝对,以便随后再赶到,毋宁说,进程事先就已经在原始的意义上在绝对近旁了,也就是说,这里是在由光线所照射的提升之综合的意义上。只有通过这种综合,进程之步伐,因而进展及其阶段之完满性方才得以规定。进程作为那种综合之展开,具有正题—反题的步序,即"辩证的"方法之特征。

　　绝对的认识必须被检验,在检验过程中,认识活动必然表明为被要求的东西。而如果绝对的认识是光线,作为绝对触及我们的那种光线,那么,绝对只能这样来表明,假如我们现在完全赞同这个说法的话,即它本身,更确切地说,从自身出发显现出来,此外还要表明这种显现是作为其本质的它的显现。绝对就是精神,以近代方式思考就是无条件的自我意识。意识"的"第一句话原文是:"意识……本身就是其**概念**。"(第 8 节,WW Ⅱ,66)在自己把握自己的活动中,绝对知识按照其本质而显露,绝对作为意识本质上就**是那**显现着的知识。所以,我们对绝对认识的检验不再可能是某种成就,作为随便哪里现成摆着的某种手段忙碌于认识"之上"。因为认识本身就是被照射的朝向光源的进程,所以,只有在这里才可能的检验之本质就朝着那个方向实现,**甚至**去造就这个进程,更确切地说,以某种明确的方式去造就。这个进程必然使显现着的知识在其显现活动中,即在其特有的真理中自行展示,在这进程中,绝对作为显现着的、在其本质的真理中自行展开着的意识达于我们。它通过**自行向上引导**(sich *aus*weist)而展示**出来**(*auf*weist)并这样来展示,即,它**通过这种**显现而与其通过这种显现而自行展示着的本质相适应。这是因为:检验无须将它所需要的尺度带到这儿来。

意识"的"第二句话说的是:"意识给它自己提供它的尺度(即它本质的真理)"(第 12 节 WW Ⅱ,68)。如果意识真实地显现,而这种显现活动就是那种"指示"(Aufzeigen)意义上的检验活动,那么意识"的"第三句话正是:"意识检验它自己"(第 13 节 WW Ⅱ,69)。与此相反,我们只是在意识的这种显现旁边"单纯地旁观"(Zusehen),显现活动是意识施加在它本身上的运动。应该去看看,作为检验者,我们以何种方式实施了这种运动本身,应该去把握,黑格尔在"意识的经验"中领会到了什么。

3. 意识的发—动

尽管康德才第一次把根据亚里士多德主要从ἐμπειρία(经验)中所提取的含义标画为"经验"——διότι(因为、为何)的知识(即康德的原因性)——两者还是**就此达成了一致**,即,"经验"和ἐμπειρία与直接或日常理解的**存在者**本身相关,是获取知识的方式或知识本身。

黑格尔在《精神现象学》中叫作"经验"的东西,所关系到的既不是日常可知悉的存在者,也不是一般性的存在者,也不是严格理解的"经验"之某种认识方式。

如果对于黑格尔来说"经验"不是所有这些含义,那么它是什么呢?经验对于黑格尔来说就是"意识的经验",但这又意味着什么呢?现在,我们将不断参考迄今为止对"导论"所给出的解释,以一种看起来表面性的罗列,尝试着去列举经验之本质的各种要素。

经验是"辩证的运动"。经验(Erfahrung)是穿越"道路"的一种发动(Fahren)(pervagari)(游走),但道路本身并不因为发动而摆在前面,道路是行进(Gehen)(地上进程)和穿行(Durchgang)(地下进程)双重意义上进程。更准确地说,只有在作为行进的进程中,作为穿行的进程才被发—动(er-fahren),即被发—出(er-gangen),而这要说的是:展开,以便公开的东西得以自行展示。这种行进之行进者和穿行之放行者,就是作为表—象活动(Vor-stellen)的意识,摆在—自己—面前的活动(Vor-sich-stellen)①先行或展开或在场,于是才成为展示或显现活动的以太。

经验作为被这样描画的进程(pervagari)同时就是原始意义上的经验,πεῖρα(经历、经验)。这种经验意味着通过瞄向那在此出现的东西而让自己进入某物。这种自行进入那还不确定的尚—未—显现的东西,在竞赛的领域内具有其本质地位,这里指的是:自行融入对手,"接受"对手。作为 probare(检验、考验、试验)的经验就是检验,检验针对那在其作为进程的进程中所期待的东西。

经验作为这种检验的进程,在意识本身之所是的东西上,在其本质上考验意识,意识作为自我意识不断地在其上面衡量自己。这种权衡

---

① 摆在—自己—面前的活动(Vor-sich-stellen)即自行表—象活动(Vor-stellen)。——译者

着的经验并不面向存在者,而是面向存在,即意识。经验不是存在性的,而是存在论的,或者用康德的说法:先验的经验。

只是,这种先验的衡量或考量(librare)(权衡、平衡)作为 probare(检验、考验)和 pervagari(游走),就是进程,这进程在检验的过程中穿过,或者说经受意识诸形态的本质序列。经验是一种"经受"(Durchmachen);而这种经受是在**忍受或遭受**的意义上,即经受意识中存在并活动着的其特有的绝对本质之暴力。**经受**是在隐蔽的和无条件的"提升"之本质高度上被撕开;而这种经受同时又是赦免、穿行意义上的"经受",赦免或穿行是由于经提升而先行规定了的意识之存在阶段和形态之完满性。

意识的经验作为这种双重意义的经受,就是经过三重意义的扬弃的穿行。通过反题对正题的否定从属于扬弃,固然,被否定的东西在这种否定中被保存,而反题的否定从它那方面则通过合题被否定。经受具有这种原始双重否定的基本特点,否定要求对误认为达到了的东西不断地进行扬弃。经验之进程是"绝望的道路",因此经验是一种真实的"痛苦经验"。黑格尔确实总是形而上学地思考痛苦,也就是说,作为"意识"的一种形式,即他在、分裂或否定性的意识。作为先验的一辩证的经验,意识的经验总是"坏的"经验,每一次被意识到的东西在其中都表明是不同的,好像每次都是暂时的显现。经验是意识之先验的痛苦,意识的经验作为"痛苦",同时就是显现着的自我意识之本质形态塑造意义上的经受。经验是"概念的劳作",想要表达的是意识通过其把握自身之真理的无条件完满性而进行的自我塑造活动。经验是先验的劳作,无休止地服务于绝对之无条件的暴力。经验是意识之先验的劳作。

意识的经验作为进程、作为检验、作为经受(解决和完成)、作为痛苦、作为劳作,一定总是或在哪里都是知识或消息之获取。这种获取消息不是单纯的觉察,而是让显现,作为进程或发动,它发一动,或者说达到意识的每一种本质形态。

作为要求的经验活动，只不过就是意识在其存在之真理中的展开。意识的经验不仅仅或不首先是知识的一种形式，而是一种存在，更确切地说，显现着的绝对之存在，其本质本身根植于无条件的自我显现之中。对于黑格尔来说，绝对是理性无条件地把握自己意义上的"概念"，而这种无条件的概念就是精神的本质，精神自在和自为地是"绝对理念"。"理念"的意思是：自行展示，而按照近代的思想方式——作为对表—象者自己的自行表—象——无条件的出场，在特有的本质之无条件真理中显明它自己，那种本质，按照近代的规定，就是确定性或知识。精神就是绝对知识，意识的经验就是知识通过其显现而自行展现，"意识的经验"就是"现象学"的本质，而现象学就是"精神的现象学"。

如果我们有幸出于其统一的根据而统一思考经验之本质的上述要素的话，那么，我们才会处于这样的状况中，就是说，真实地，即形而上学地、思辨地去思考"意识**的**经验的科学""精神的现象学"这些标题的本义。

两个标题中语法措辞方面都包含着一个属格，我们要问：属格是一个宾语属格还是一个主语属格？"意识的经验"仅仅指意识是经验的客体或对象吗？显然不是，因为经验本身在其本质上作为进程和自我实现活动，当然就是意识之存在。首先我们说，"经验"完全理解在意识（Bewußt-sein）这个词中"sein"（存在）的意思，意识是经验之"主体"，是通过它自己来承受经验的意识，所以，属格必然要理解为主语属格。只是，作为自我意识的主体之本质恰恰在于，意识不仅是对某物的意识并具有其客体，而且自己自为地就是客体本身。所以，意识所经受的经验，同时就是意识作为客体"通过它自己"来经受的经验，因此，属格同样也是宾语属格。但尽管如此，属格并不仅仅简单地同时就是两者，毋宁说，属格说出了主体与客体之统一及其统一之根据，也就是说，在意识之形而上学本质中的提升或综合，在"意识的经验"和"精神的现象学"的标题中的属格是思辨的—形而上学的属格。《精神现象学》言词中的所有属格都是这种类型，当然，不仅属格，而且其他格和所有词语的变格也同样具有思辨的意义。只有当我们思考，或者说熟悉这种意义时，我们才可能追寻这些词句的组织并领会文本。

遵从这些说明是必要的，即便仅仅是为了正确地去思考著作完整的标题："意识的经验的科学"和"精神的现象学的科学"。属格"……的科学"是思辨的，也就是说，科学所处理的不仅是**关于**意识的经验，而且，科学拥有成为其主体的意识，意识承载着并规定着科学。科学是认识活动，而认识按照导言第一段中的话，是"真理由之而触及我们的光线"，我们的认识，当它是，或就其是光线而言，也就是说，就其照射由这种光线所照射的东西本身而言，只不过是绝对本身的思辨思想。

经过近代形而上学的本质性变化，在形而上学的开端由柏拉图所说出的同一件事情就显现出来了：眼睛必然是ηλιοειδές（看太阳的东西）。太阳是"善的理念"，即无条件之物的象征。

由于意识在所描画的"经验"中具有其存在的本质，它检验自己并从自身出发展开这种检验的尺度，所以，在意识进行这种自我展现的时候，我们只不过是纯粹地旁观，而"我们的某种附加行为则变得多余"。（第 13 节，WW Ⅱ,69）

Ⅳ. 意识及其展现的经验之本质
（"导论"第 14～15 节）

1. 黑格尔的"存在论的"经验概念

第 14 节这样开始："意识在自身上，既在其知识中又在其对象上所进行的这种**辩证的**运动，**就新的真实的对象**由此**对之产生而言**，就是那本来被称为**经验**的东西。"（WW Ⅱ,70）如果辩证进程之本质通过前面的讨论，被规定为让意识之本质形态显现，所以绝对在"辩证的运动"中显现的话，**如果**"辩证运动"的这种本质应该构成"**经验**"之本质的话，那么，黑格尔的"经验"（Erfahrung）概念就不**可以**与流行的"经验"（Empirie）混为一谈（运动作为 $\mu\varepsilon\tau\alpha\beta o\lambda\grave{\eta}$ $\grave{\varepsilon}\varpi$ $\tau\iota\nu o\varsigma$ $\varepsilon i\varsigma$ $\tau\iota$[从某物转变为某物] $\grave{}E\nu\acute{\varepsilon}\rho\gamma\varepsilon\iota\alpha$[能力、活力]，参见，对于"感性确定性"，第 8 节）。然而这还是表明，只有黑格尔，或者说是他第一次，在经验之隐蔽的本质要素中想起了经验的概念，同时也表明，经验的概念偶尔也会，尽管是偶然地或不统一地，在日常"生活"的经验概念中宣告出来。为了以必要的严格性凸显黑格尔的经验概念之特色，我们必须至少记住传统"经验"概念的两种主要形态，所以，我们先简短地回忆一下亚里士多德的 $\grave{\varepsilon}\mu\pi\varepsilon\iota\rho\acute{\iota}\alpha$(经验)概念和康德的"经验"概念。

亚里士多德在《形而上学》第一卷第一章,对 $\grave{\varepsilon}\mu\pi\varepsilon\iota\rho\acute{\iota}\alpha$(经验)之所是的规定以这样的话开始：$\pi\acute{\alpha}\nu\tau\varepsilon\varsigma$ $\check{\alpha}\nu\theta\rho\omega\pi o\iota$ $\tau o\tilde{\nu}$ $\varepsilon i\delta\acute{\varepsilon}\nu\alpha\iota$ $\grave{o}\rho\acute{\varepsilon}\gamma o\nu\tau\alpha\iota$ $\phi\acute{\nu}\delta\varepsilon\iota$。[1] 所有的人都具有出自其本性之根据的爱好,将(一切它们所面对的东西)带到视觉中,以便当场拥有其外观。($\varepsilon i\delta\acute{\varepsilon}\nu\alpha\iota$[看见、知道]——$i\delta\varepsilon\tilde{\iota}\nu$[看])(这句话以未被说出来甚至未被思考的东西为基础,即,人具有其

---

① 一般翻译为：求知是人的本性。——译者

本质是因为,当场将存在者把握为在场者。)人当面拥有在场者所遵循的方式是多种多样的,其中一种就是ἐμπειρία(经验)。比如说,我们具有这样的知识,每次,如果某人得了这样或那样的病,当时就要采取这样或那样的手段,那么这种事实情况的预先计划,即"如果……就……"就是一种ἐμπειρία(经验)。其本质在于,τὸ ἔχειν ὑπόληψιν——掌握关于"如果这样……那么就那样……"的计划。对于ἐμπειρία(经验)而言,其特点是,它仅仅停留在关于"如果这样……那么每次就那样……"这种实际状况的知识上。有经验的人眼里只有,**情况**是这样的,但他看不出其来龙去脉,看不出情况**为什么**像它所是的那样。οἱ μὲν γὰρ ἔμπειροι τὸ ὅτι μὲν ἴσασι, δ'διότι δ'οὐκ ἴσασιν。凭经验的人眼中只看到其然,但看不到(那)所以然(对之缺乏眼力)。与之相反,τέχνη(技艺)的特点则是着眼于真相而能看到所以然,它是ἐπιστήμη(知识、学问)——科学之本质。

(在西方形而上学的开端,在柏拉图和亚里士多德那里,"科学"[ἐπιστήμη]的本质从 τέχνη[技艺]之本质中发展出来,与这个本质性事件[Ereignis]相应的——一种隐蔽的和必然的对应,还有另一个事件,即,在西方形而上学的终端[从 19 世纪以来],近代科学之本质就是作为近代机械技术的本质形式而突出并确立的。)

对于亚里士多德来说ἐμπειρία(经验)之所是的东西,对"如果……就……"(如果……那么……)实际情况的先行掌握,对于康德来说,还**不**是"经验",而是一种"知觉"(Wahrnehmung)。作为那种知识的例子,康德在"绪论"中举到这样的认知,即,每次,如果太阳晒,那么石头就热。只有当这种认知本质性地转变为知识:**因为**太阳晒,所以石头热时,康德意义上的"经验"才存在。"太阳晒热了石头"这句话超出知觉,给出了一种关于感性可知觉的,而同时又是客观的,是对每个人都有效的事实情况的新知识,也就是说,关于一种因果关系的知识。康德说:"经验就是某种经验性的知识,即一种通过知觉来规定客体的知识。所以它是知觉的综合，综合本身不包含在知觉中，而是知觉之杂多地综合统一包含在意识中，那种[统一]构成了感官之**客体**的知识，即经验（而不单纯是直观或感官的感觉）之本质性的东西"。（《纯粹理性批判》，Kr. d. r. V.，B218f.）康德理解为"经验"的东西，作为牛顿意义上的数学自然科学被实现了。

但黑格尔的"经验"概念既和亚里士多德的ἐμπειρία（经验），也和康德的"经验"在本质上，或者可以说，无限地不同，而不仅仅是在随便某个什么方面不同。尽管康德不同于亚里士多德之处恰恰首先是把按照亚里士多德本质性地有别于ἐμπειρία（经验）的东西，即关于ειότι（因为、为何）的知识（康德所说的原因—结果—综合的表—象）理解为"经验"，然而，亚里士多德**和康德在这一点上仍然是一致的**，那就是说，经验或ἐμπειρία还是与直接日常通达的存在者相关。与此不同，黑格尔所称的"经验"，既不与日常可觉察的存在者相关，也不一般性地关涉存在者，同样也不是严格理解的人的仅仅表—象活动意义上的知识的那种"经验"。那么"经验"对于黑格尔来说是什么呢？就经验通常总会关涉"某物"而言，其"对象"是什么呢？

按照第14节的第一句话或首先按照这句话中的一个短语，"经验"就是让"**新的真实的对象**"产生。意识实施这种"让产生"活动，"让产生"表明为一种意识本身在意识上面所施加的运动。通过这种运动，从运动中产生着的对象，作为以隐蔽的方式已经明确归属于意识的对象，作为其本质性财富而归还给意识。段落的结束语甚至这样说："这新的对象包含着第一个对象的否定，它是超出第一个对象所造成的经验。"（WW Ⅱ，70）

我们首先要问：这里"新的真实的对象"所指的是什么？从这句引导性的话中可以得出：经验是施加在意识上的"辩证的运动"，而意识在自身中获得对象意识，意识直接与对象相关。然而，如果言及的是"新的真实的对象"，对象首先是对于"意识"而产生的，那么意识在这种经验中就真的"拥有"了"两个对象"。黑格尔说:"我们看到,意识现在有了两个对象,一个是最初的**自在**,第二个,是**这个自在的为一意识一存在**。"(同上)我们来考察一下比如感性直观形式下的意识,比如对这里的这本书的这种感性直观。这个(宽泛意义上的)感性直观的对象就是这里的这本书,它在感性直观中,作为这个感性的对象被意指。这里的这本书,按照感性直观的看法,是自在的存在者,而"同时"**是**被直观的,因此同时还"**是**"**作为**"为它"的被直观的东西,即为直观着的意识的。在这样完全合法被意指的对象之"自在"中,仍然包含着自在的为一它(意识)一存在,而这种为一它一存在无非就是"书"这个对象的对象存在。对象存在和所有归属于它的东西,就意味着这个对象的对象性,对象性本身并非什么都不是,而是那种迄今为止或一直只是为感性直观所不熟悉的东西。对象之对象性,就其超出仅仅是往常熟悉或习惯的对象而显露而言,是某种"新的"东西,如果对象性本身特意地被表一象或意指的话,那么**它**就是"新的对象"。对象(书)的对象存在通过书的为一那一意识一存在而规定,看起来恰好无非就是通过对书直观的方式获得的**关于书的知识**。只是,如果仔细考察的话,对象之对象性不是什么仅仅别在对象上的附带物,没有它"某物"照旧。第一个对象(书)现在毋宁说是本身变成了另外的一个;因为它现在才**作为**对象达到了其所是的东西,即达到了其本质,也就是对象性。而某物的本质就是某个对象"上"的"真实",所以,对象性作为对象之本质不仅是新的,而且同时或首先是"真实的对象"。而这个新的真实的对象,按照段落的结束语,包含着"第一个对象的否定",这意味着:第一个对象**不是**"自在"真实的,更确切地说,之所以不真实,就是因为它**仅仅**"自在"地存在,以至于其对象性,即其真理还没有露面。这样看来,第一个对象(比如这本书)是不一真实的,非一本来就一真实的,从本质出发来看"虚无的东西"。然而,新的对象作为对象之对象性就"是"其真理,所以,它"包含"那作为**不真实**之真理的不真实的东西;它包含着其空虚性,新的对象

"是"超出第一个对象所造成的经验。

在那样的经验中所经验到的是什么呢？是一个新的，而且是真实的东西，即对象之对象性。"意识的经验"的对象就是对象性。

因此，承载着第一个和一切其他要素的黑格尔之经验概念的基本特点，与亚里士多德的，而同样与康德的不同之处就凸现出来了。ἐμπειρία（经验）关系到日常处处都可通达的存在者，康德的"经验"是数学的自然科学，而作为这种经验它指向面前摆着的对象"自然"。只是，恰恰是康德，而同样也是他，第一次在近代思想的范围内，明确地追问了关于存在者之存在问题，并特意将这种追问发展为课题，而且描画了这个课题本身。对于近代思想来说，存在者就是在意识中为这个意识而置于它面前或送达给它的东西，存在者现在首先是对一立的东西（Gegen-stand）①或客体，"对象"是与认识着它本身的表一象活动现实相对而立的东西的近代名称，"客体"是相对于主体的近代名称，现实的东西，即存在者，以近代的思想方式思考，就是真实的对象。在希腊思想中根本就找不到对象或客体的概念，因为它在那时是不可能的，那时人不是作为"主体"来经验的。固然，将存在者之存在以决定性的方式解释为对象之对象性，已经在柏拉图的理念论中酝酿好了。如果按照康德，形而上学完全是在希腊意义上，不是追问存在者，而是追问存在，而同时在笛卡尔的意义上，存在者之真理，进而存在之真理，以被表一象性之确定性为基础，那么，按照康德的想法，关于存在者之存在的问题，就是对象之对象性问题。对象之对象性的这种把握是完全独特的，并与对存在者、对"那自然"的直接认识相关，是新型的知识。所以康德说："我把所有不仅一般地关注**于对象**，而且关注**于我们关于对象的认识方式的知识**，就这种认识方式应该是先天可能的而言，称作先验的，

---

① "Gegenstand"就是对象，海德格尔在很多场合都强调对象"面对—而立"（Gegen-stand）的含义，甚至专门分开讨论过"面对"（Gegen）和"立"（Stand）两方面。——译者

把那种概念的体系称作先验哲学。"(《纯粹理性批判》导言 B25)关注于对象本身的知识,依照康德的看法就是经验,而思考对象之对象性的知识,则是追问经验之对象的可能性条件。对康德意义上的经验之对象的对象性的这种把握,就是先验的或存在论的知识,而正是这种与旧的、不真实的对象不同的,让新的真实的对象之产生,对于对象之对象性的先验把握,黑格尔称之为"经验"。所以,"经验"对于黑格尔来说,**不**像对于康德那样是存在性的知识,而是存在论的知识。这种先验的经验让对象之对象性对"意识"产生,首先是形成,就是说,现在这对象性本身就是才刚形成着的并因此是**新的**对象。这个对象,先验的对象,是真实的,不仅是顺带的,"新的"对象。其对象性在于一个"新",在于通过经验而生成(Entstehen)的生成性。但这里的生—成(Ent-stehen)并不意味着实在地被制作,而是,在表—象活动的范围内或为这表—象活动而立起来,也就是说,显现,柏拉图所思考的:变得"可见"。但如果遵循从笛卡尔以来所规定的康德的基本步调,经验之对象的可能性条件居于"意识之中",也就是说,无非就是作为"自我意识"的话,那么,根本上新的,即先验的对象,也就是黑格尔"经验"的对象,最终无非就是自我意识本身。而就这种自我意识构成意识之本质而言,先验的经验本质上就是"意识的经验",而这意识有三方面的意义:意识是在这种经验中所经验的东西,即对象之对象性;而意识同时是经验者,行使经验者;因此意识又是那被经验的东西和经验活动所归属的东西,这样一来,即意识本身就"是"这种经验。

康德说:先验知识关注于(自然科学)经验之对象的可能性条件,即关注于对象性。所以还是在康德的意义上可以说:先验知识作为知识同样拥有其对象,只是说这种对象不应该是自然本身,而是意识。关于这种先验的对象,为什么不应该提出同样的问题,再去追问**它的**对象性? 人的有限自我意识本身——康德从中发现对象之可能性条件,所以发现对象性——为什么不应该在这一点上被质问,即,自我意识何以先天是可能的？先验的问题为什么应该在**第一个**新的对象——数学、自然科学的存在性知识的对象之对象性面前就止步或终止其追问？追问难道不是首先从这里开始的吗，因为依其本质，更新的对象必然会一而再再而三地产生，即，自然对象之可能性之条件的条件，等等，一直到那最初决定一切而不再有条件的无条件的东西？

随着这些问题，我们就超出了康德自己的课题之外，但应该强调的是，只能沿着由康德本人首先开辟的道路行进。当然，如果我们留心不断会遇到的康德思想之奥义中的蛛丝马迹，而不把《纯粹理性批判》贬低为教科书的话，我们必然还会说得更多一些。康德把意识理解为自我意识，本己（Selbst）理解为"自我"（Ich）；而在自我，即可以对自己说"我"的东西之本质中，康德看到了这种本质的根据：理性。在对其《纯粹理性批判》的一个"回撤"中康德写道："我，我所思的我，是我本人的一个（直观的）对象，于是可以把我和我自己区别开来，这是如何可能的，这件事是完全不可能弄清楚的，虽然这是个不可怀疑的事实；但它指示了一种远远超出一切感性直观之上的能力，也就是说，作为知性之可能性的根据，[……]向外看到了由自己造就的表—象和概念之无限性。"（《关于形而上学的进步》，学院版，ⅩⅩ，270；Meiner 第 95 页）①

经验作为先验的让新的真实的对象产生，必然与无限性相关，也就是说，与作为非—有限的东西的意识，即不是与无穷尽的东西，而是与原始的"一"，即与作为**无条件的**，限制着一切的意识相关。先验的经验与意识之无条件的东西的关系是那样一种关系，即，**这种**"意识的经验"使这种无条件的东西在其无条件的真理中显现，而**无条件的东西**则使自己以其完满地、统一地规定着一切对象之可能性的条件**显示出来**。

---

① 康德，形而上学自莱布尼茨和沃尔夫时代以来在德国所取得的真正的进步是什么？（征奖论文），《康德论文集》，普鲁士科学院出版，第 ⅩⅩ 卷，第 270 页。参见，Op. cit. in：康德，《论逻辑学和形而上学》，第三部分，1790—1793 年的论文，第二版，Karl Vorländer 出版，莱比锡，1921 年，第 95 页。

因此,黑格尔的"经验"概念不仅根本上,本质性地与康德的概念不同,不是存在性的而是存在论的,即康德所说的先验的,而且是本身关涉到一切条件之无条件的东西,于是关涉到**全部**条件之总和的先验的经验。"经验"是无条件的先验的让意识产生,使它的各种诸形态在其限制一切被限制的对象本身之无条件性中显现。黑格尔,以及一般德国观念论形而上学,严肃践行着通过那"由自己造就的表—象和概念之无限性向外看"。而这里的严肃践行意味着,这种"向外看"不是作为康德的先验问题之补充仅仅附加于其上,或者在那里首先看到终结,而是说,随着这种"向外看"以无条件的东西开始,并使一切形式的"看"从这里得到规定。

我们由此就清楚了,黑格尔把"经验"这个词用作无条件先验"认识"的名称,因此,经验的这种性质同样与日常所谓的经验有本质性的不同。黑格尔在接下来第 15 节一开头就论及了那样**一种**区别,以便借助这种指示去引导那规定"经验"之本质的步伐,这种经验试图去把握其最内在的核心。经验修正着(导向真理)。黑格尔说:"在经验之进程的这种展现中有一个环节,由于这个环节,经验显得与惯常在经验中所领会到的不一致,就是说,从第一个对象及这对象的知识到另一个对象的过渡——人们说,经验**在这个对象上被造成**——被说成是这样的,即关于第一个对象的知识,或者说第一个自在的**为**—意识的东西,本身应该变成第二个对象。与此相反,情况通常似乎是,我们**在另外的一个**对象上形成关于我们第一个概念之非真理的经验,我们也许是偶然地或外在地发现这个对象,所以发生在我们里面的,通常只是对自在或自为之物的单纯**把握**。"(Hoffmeister,第 73 页)①

我们日常所形成的"惯常"经验情况是怎样的呢? 通常的经验指向

---

① 编者注释:从这里起海德格尔开始根据 Johannes Hoffmeister 版:黑格尔,《精神现象学》来引用《精神现象学》。根据 Johannes Hoffmeister 出版的原版文本,哲学藏书第 114 卷,Leipzig 1937 年,Verlag von Felix Meiner。——所标页码均引自这个版本。

存在者,我们在某物上形成关于某物的经验。就此而言,我们从对之形成经验的、我们以某种方式所认识的、将之视为正确的并这样来坚持或首先"拥有"的东西出发,**转向**我们**在**其上形成经验的另外一个东西,于是,经验就是一种过渡。比如,我们具有一棵树之所是的表一象,我们通过对桦树或山毛榉的直观获得这个表一象。现在,一个对象以不同于桦树或山毛榉的方式,在我们路过或经过存在者时与我们照面,在这"另一个"不同的对象上,比如冷杉树,我们的"树"的表一象(比如,着眼于树可能具有的树叶的类型)被破坏。目前所获得的关于树、这第一个对象的表一象,由于这归我们所有的另外一个对象而表现得不适合或表现为不真实的。第一个对象之非真理的经验在另外一个对象上造成,更确切地说是这样的,即,我们现在仅仅需要盯着已经现存的另外一个对象——冷杉树,以便通过经验活动去修正我们关于树的知识。第一个对象在新的经验中不再需要,就经验现在确实**不**在它上面形成而言。经验仍旧在对象上把握其方向,只是在这种方向的范围内,经验现在不是指向第一个而是指向第二个对象。所以,经验活动就是对某种现状的接受,这种现状在另外一个可遇见的,即同样已经现存的对象上被发现。在这种经验活动中属于我们的部分,于是看起来就仅仅是纯粹的把握或旁观;因为另一个对象正是在同样的视向中被发现的;它归我们所有。

过渡到先验的经验情况又是怎样的呢? 这种经验使对象之对象性被看到或外现。第一个对象之所是,所以我们关于第一个对象作为对象所经验到的,它的对象性,**不**在**"另外的"**一个对象上显示,而**恰恰**在这**第一个**对象本身上或只在它本身上显示。我们在这里并不把第一个对象打发走(fahren),而是**发**一动(er-fahren)它,可以说**通过它**而开动(fahren)。更确切地说,我们所经验的东西,因此我们所造成的经验,通过这样的方式在第一个对象上展示,即,它**本身变成**另外一个对象,也就是说,以其对象性而出现。这另一个对象,我们现在所面对的有待经验者,通过经验活动才作为这另外一个所变成的东西而形成。在日常经验中,我们直接沿着关于某物的习惯意识的方向,从第一个对象转向已经现存的另一个对象,只是为了把握这另一个对象。与之相反,在那先验的经验中,我们恰恰以这样的方式停留在意识的**第一个**对象那里,即,被意识到的东西作为意识所意识到的,由它自己来展示。第一个对象而不是另外一个,而就是它自己,现在展示它自己,但沿着其产一生表一象的方向。在这对象对于意识而产生的方向上,对象之对象性出现,即新的另一个对象达于"外观"。所以,关于那在先验经验中出现的东西,关于这种外观,黑格尔说:"在那种外观中,新的对象作为**由意识之回转**(Umkehrung)所形成的东西而展示自己。"(第 73 页以下)由此表明:1. 新的对象之对象性就是生成;2. 这种生成活动在其中发生的先验的经验,就是意识之自我回转。另一个新的对象在其中展示的先验的经验,因此就绝非单纯的把握或简单的"旁观"。在先验的经验中起作用的和承载着这种经验的意识之回转,是一种特殊形式的旁观,更确切地说,如此"独特的"形式,以至于黑格尔对于这种考察的形式必然接着说:"对事实的这种考察是我们的附加行为(Zutat),意识的经验之系列由此就提升为科学的进程,而这考察并不适合于我们所考察的意识。"(第 74 页)

所以"经验",即让对象展示其对象性,绝不是单纯地旁观或接受,而是"附加行为"。而我们现在回忆一下,黑格尔在前面的章节中,在第 14 节开头接近讨论经验之本质概念及其界限时,把一切都转到这一点,以便指出,在其显现活动中显现着的知识之展现,必然仍是一种"单纯的旁观"。黑格尔在第 12 节末尾处明确地表明:"而本质性的东西在于,为了整个考察过程都必须牢记这一点,**概念和对象,互为存在和本身自在存在**,这两个环节都发生在我们所考察的知识本身之中,因而不需要携带我们的尺度,也不需要在考察时应用**我们的**念头和想法:由于丢开这些东西,我们就能够按事物**自在**和**自为**的样子去考察它们。"(第

71页以下)直接紧随其后的第 13 节开始更加清楚地继续说道:"不仅从这一方面来看,即概念和对象,尺度和有待检验的东西都在意识本身之中现存而言,我们的附加行为变得多余,而且我们也同样可以免于两者之比较或认真**考察**之劳,所以,在意识自己考察自己的时候,同样就这方面而言,留给我们的只有单纯的旁观了。"(第 72 页)

如果意识的经验之本质属于先验的回转,而且如果这种回转(Umkehrung)就是"我们的附加行为"的话,那么,经验就绝不可能是"单纯的旁观"。然而,在成问题的范围内诸如"单纯的旁观"这类事情是什么,我们已经弄得足够清楚了吗?绝没有。如果我们还没有认清这种行为的本质,同样也不是不假思索地就决定说,"单纯的旁观"自发地就排除任何附加行为。事情真的只能是,在所描画的意义上的"单纯旁观"要求"附加行为"(Zutat),而且舍此则不可能成为其所是的单纯旁观。应该澄清或考察这种"附加行为"的本质,它是否或者在何种程度上属于"单纯的旁观"。

我们的附加行为是"意识的回转"。由于我们先验地追问,也就是说,我们的目的在于显示对象之对象性,我们就在反方向中,即在**关于**对象的**意识**上,转移了一向关涉对象之意识的视向。在这种先验知觉中自行展现的对象,即原先以其对象性的方式展现的对象,或者也可以说,这种对象性本身,就是这样才产生着并因此而是新的对象。黑格尔在明确规定经验之本质时,同时称这个新的、先验的对象为"真实的对象"。对象之真理在于那就其本质而造成其对象性或构成它们的东西,而现在表明,黑格尔的先验经验并没有停留在自然对象之对象性条件的自我意识那里,而是——步费希特和谢林之后尘——同样将康德有限的先验自我意识,作为第一个新的对象而质问**它的**对象性,并这样进而追问那每次都超出自身,直到指示着无条件的东西的条件之整体及其限制。新对象的"新"以及真实的对象之真理在于其显露,即其生成之**完满性**,然而,显现的这种完满性原始地居停于无条件的、绝对的自

102

我意识之中。绝对的意识"是"真实的对象之真理,绝对的,即本质上赦免着的意识就"是"生成,即新对象的新性,也就是其不断的显现。显现当然就是新的存在(一本"新书"作为显现着的,通过显现而被把握的书,对于我们来说是"新的")。

这些条件之多样性是从无条件的东西出发而展开或划分开的统一,这些自行展示着的条件之多样性,通过自行展示者,即绝对精神本身之所是的理念而被照亮,并事先或处处被统一起来。康德在《纯粹理性批判》结尾部分,在关于纯粹理性之建筑术章节中说道:"我在一个体系中来理解理念之下的多种知识的统一。"据此,对象之对象性的先验条件之多样性的统一是**系统的,所以**,康德在上述段落讨论先验知识之本质时同样马上谈及一种"概念的体系",对于黑格尔来说,先验的经验是新的对象之真理,绝对意识本身,而据此,统一作为系统的,必然同样也是绝对体系的那样一种统一。黑格尔在《精神现象学》的"序言"中指出:"真理存在于其中的真实形态,只可能是其科学的体系。"(第12页)体系作为诸条件之某种无条件的总和,在无条件之物的统一中,本身将诸条件之多样性置于某种"系列"的秩序中。在原始地限制着每一个条件的对象性之条件的生成中,经验作为让新的真实的对象产生,事先展开经验之系列的系统领域。先验的经验作为无条件的先验经验,本身就是系统性的,而只有从无条件的一系统的先验经验之完整本质出发,才会让我们看到,从属于经验之本质的"意识之回转",作为我们方面的"附加行为"其情况是怎样的。

意识之先验的回转作为无条件的和系统的,先行盯住一切条件及其序列之无条件的东西,对于让新的真实的对象生成而言,无条件的东西作为限制着一切的东西先行进入视线。可是,作为限制者的限制者,如何通过其限制显露出来呢?只有这样,即,限制者在被限制的东西上展示。但如果不仅仅是随便一种限制者,而是无条件者,要以其限制一切的方式显现的话,就必须以**最受限制者**为出发点。而这种最受限制者离无条件者**最远**,所以必须最初显示**那样的**对象之对象性,那种对象离无条件自我意识之真理,即非感性的绝对精神最远,或者说处于其最远的对立端。最受限制的对象之对象性,因为其作为最远离无条件者的条件,只能是最空洞或最贫乏的,但如果某个对象之最空洞最贫乏的对象性毕竟还是条件的话,它就同样具有绝对之本质并归属于它。所以,绝对意识,为了使其无条件的条件在一切限制中显现出来,本身就要自动地远离自己,远离其丰富性与正当性,这种必然性,如果它是无条件的或系统的话,就在于先验的转向(Drehung)中。绝对的意识自发地转入或转出其最外在或最空洞的形态。

绝对的意识必然外化到其最外在的形态中。但由于它通过这种**从自己**之丰富**转出**而只是又重新转入它自己,即便以其空洞的形式,这种转出**只不过**是一种**反转**(Umwendung),绝对意识并没有自行中止或离弃。只有通过这种借外化而反转,远离自己的距离之延伸才能够对意识开放,这种在其自身范围内被开放的特殊的远离自身之距离,作为延伸就是为了经验之发动的自由道路。这种开放的穿行在经验的进程中才刚被打开,也就是说,被发一出或在行程上被发一动。只有通过这种自行开放着的穿行,绝对意识才具有返回(Rückkehr)到它自己的可能性。通过这种返回到作为无条件真理的自己本身,这个无条件的限制者恰恰才显现出它的限制,转而外化必然是为了绝对的缘故,所以绝对本身具有返回其自身的可能性。**所以**,《精神现象学》从意识之最贫乏、最不真实的形态开始展现,从"感性确定性"开始,以精神之绝对的自我认识的形态结束,即以绝对形而上学结束。《精神现象学》从感性确定性开始绝不是出于对人的某种教育考虑,这样做是为了通过意识的某种形态引人上道,而这种形态是最早最快为人所理解的。《精神现象学》中意识的最初形态,感性确定性,真的是我们的理解能力所涉及的东西中,实际上最难理解的,因为在其中已经有绝对,但它必然以其贫乏和不真实性(还未实现的真理)而被思想。不是为了我们的缘故,而是为了绝对的缘故或只是为它的缘故，《精神现象学》的进程才像它所是的那样。如果对绝对的认识就是绝对触及我们的光线，因此我们遵照其意愿而不是按照我们的意愿而思想——假设我们思想的话，那么，它怎么还可能是别的样子呢！

在黑格尔所称作"意识之回转"中，如果仔细考察的话，包含着两方面的回转：**一方面**，根本性地属于先验之物之本质的对象转向其对象性；**另一方面**，由绝对先验意识之无条件性或系统所必然要求的通过外化的反转，那种反转作为转而背弃无条件的东西，首先才展开了返回的进程。这种本身就是两方面的"意识之回转"，先验的转向或通过外化的绝对反转，按照所引用的黑格尔的话就是"我们的附加行为"。**作为**这样的行为，它似乎干扰了"单纯的旁观"，即便没有完全毁坏之。可是，情况恰恰相反。因为只有**当**根本上通过两方面的回转，针对无条件之物的眼光，或者说向之返回的道路才会是敞开的或被开辟出来，在这条展开的道路上，才会有"新的真实的对象"自行展示的可能性。回转这种附加—**行为**（Zu-tat）给予旁—观以视界和外观的可能性，而"单纯的旁观"同样向来不是简单地被动接受，毋宁说，那种**旁**—观（Zu-sehen）本身是一道行进着的追踪，一种视线之投向，预先需要一条开放了的通道。丢掉或不使用我们的"念头"不是什么都不做，丢弃不是自发地进行的，能丢掉不合适的东西，本质上是由不断先行着的自行参与新的真实的对象，及其作为显现着的尺度本身之无条件的真理所规定的。

单纯旁观的纯粹性绝不在于剥夺一切作为，毋宁说是最高践行意义上的作为，对于这些看的活动及其可能性来说具有本质的必要性。这种行为在这里所附加的，就是预见无条件的东西。预见（Vorsehen）作为旁—观（Zu-sehen）的附加行为，由此表明为一种单纯的接受，接受那作为其本质条件已经居于旁观中的东西，以及由新的真实的对象——作为照射我们的光线——或由我们所要求的，也就是我们特意为此带来的东西。通过回转起作用的附加—行为，唯一地使纯粹的、本质上正当的旁观得以可能。这样被把握的这种旁观的本质，就是那种"看"的本质（speculari）（窥视，注视），在绝对的意识形而上学中被叫作"思辨"。思辨的思想让意识在其先验的无条件真理中系统地展示，所以是一种"指示"，这个词要在严格的意义上理解，在黑格尔的话题中就有（"指示"＝"非直接的知识"；参见，感性确定性，第19节）。指—示是以这样的方式先行的展露（回转），即，只有通过这种展露之开放，意识的诸形态才可能以其对象性而"走出来"展示。指—示是一种自行展示**而**同时是让—产生或生成（Entspringen-Entstehen-lassen），所以，单纯的旁观作为先验的指示，以某种方式具有"主动性"（展露）的特点，而同时也具有"被动性"（使自己展示和接受）的特点。表—象着的诸能力之原始统一，其表—象方面同时是"主动的"和"被动的"，在康德和从他开始的德国观念论称作先验想象力的能力中展开。"意识的回转"是"意识的经验"之本质，经验是先验的—系统的指示，使新的真实的对象产生。这种让产生追随着恰恰在返回自身的道路上生成着的对象，其对象性就是在那样一种追随中自行展示着的生成，生成只有在为了指示活动的生成活动中，即在经验中或作为经验才"存在"并活动着。经验是本质性的"进程"，即道路，意识本身之对象性在其上或通过它或在其中被**发**出或**发**动。这样"造就的"经验不走失；因为它通过本质性的修正，即导向真实对象的方式，经验作为这种本质性的修正，就是真实的对象之对象性。这条道路作为进程，就是对象之对象性生成变化的运动，而这对象就是意识本身，其对象性就是它在其本质之真理中的生成，道路就是作为其真理之生成的意识本身，对象之对象性就是严格意义上的规定者之"定式"（Formelle）。（参见，比如康德的自然在"形式"和"质料"方面的差别，形式指的是"事物的在此存在[Dasein]"作为存在者之存在，质料则涉及存在者本身的围限。）"定式"并非外在的不足挂齿的形式，而是意识之存在并活动着的本质，如果定式本身显现着自己，在这种显现中显明其对象性的话。意识之真理中作为先验的—系统的进程之经验,作为指示活动,同时就是显现着的知识之展现,作为先验的系统,这种展现本身就是"科学的",也就是说,与本身认识着自己的绝对知识相适应。所以,黑格尔在关键性地指出"意识的回转"之后,直接针对这一点说了以下的话:"对事实的这种考察是我们的附加行为,意识的经验之系列由此就提升为科学的进程,而这考察并不适合于我们所考察的意识。"(第74页)依照那由意识之回转而规定了的经验之本质,"为我们的"和"为它的",即为意识的东西之间的差别,必然地或持久地存在于经验之中。

　　"为我们"的和"为它"的之间的这种差别,不断地再次返回到整个著作的进程中。"为我们"的,就是为先验的一系统的经验者的对象,经验者从对象之对象性,即其生成活动之生成看出去。"为我们的"并**不**意味着,我们日常致力于此并被直接猜想为显现着的知识的"**我们的**",而是以回转的方式旁—观的"**我们的**"。"为它的"指的是意识,作为自我意识历史性地自由展开其各种形态,保存在历史的记忆中并因此知道其内容之丰富。不仅那"为它"的,为意识之所是的,而且"为我们"的之所是的,都不与日常我们所指的对象领域相一致。毋宁说,这种差别每次都涉及绝对精神,更确切地说,在"为它"方面涉及绝对精神其历史,在"为我们"方面涉及绝对精神其显现之历史的历史性。历史性就是展开了的系统,即概念之劳作的组织结构(参见,整部著作的结论)。

　　那在意识的经验中"为我们"的东西,其对象性的本质真理,只能遵照回转来展示。在这种回转中,我们不是按照它本身在内容方面吸引我们的东西来把握对象,所以,以这种方式走近对象的我们,就从正面来把握它。通过意识的回转,即朝着对象之对象性看过去,我们不是走近这个对象,而是围着它转,或者可以说是从后面把握它。回转着的经验所针对的对象性,就是意识本身,因此,关于新的对象的生成黑格尔说:它们"仿佛先行走到了它[即意识]背后"(同上)。为意识的东西,即"为它的",就是一切在其中仅仅作为生成者本身而生成着的东西。"为我们的"就是生成了的对象，也就是说，作为在其生成过程中"新的真实的对象"，即"同时作为运动和变化"的对象(同上)。这种生成活动就其生成而言，当然是意识之本质和真理，这种生成作为这种本质，因此是一种**必然的**显露，是意识本身之必然性，只要意识之真理是其本身在本质上有待认识的东西之完满性方面的无条件的确定性。

现在，那句话变得更加容易理解了，第 15 节也随之结束，而同时转到一个简短的过渡章节，形成了通向作为第 V 大部分的第 16 节的桥梁：

"只是这种必然性，或者说，新的对象之**生成**——这种对象在意识不知道它是如何出现的情况下呈现给意识——是那种对于我们来说仿佛先行走到了意识背后的东西。由此，在意识的运动中就出现了一个**自在的存在**或**为我们的存在**的环节，它不是为那在经验本身中被把握的意识而展现；对于我们而生成的东西的**内容**，是**为**意识的，而我们把握的仅仅是生成物及其纯粹生成的定式，**为它**就是这种仅仅作为对象的生成者，**为我们**同时又是作为运动和变化的生成者。"(同上)

由此表明，先验的系统的展现不是作为意识的经验之附加物被提供出来，而是说，经验作为让"新的真实的对象"产生的经验，本身就是一种指—示，因此是一种展现，这种展现活动致力于返回到诸条件所受的无条件之物的制约，并由此成为一种进程，这种进程感受着其出自新对象的对象性之本质的必然性。所以黑格尔就说了这样一句话，他把目前为止对"导论"的探讨进行了总结，以便通过这句话表达对著作之标题的解释："通过这种必然性，通往科学本身的这条道路就已经是**科学**了，就其内容而言，同时就是**意识的经验**的科学。"(同上)

换句话说**并**回想一下"导论"开头所表达的，这就意味着："意识的经验"是属于其本质的并作为自我意识而导向其本质的进程。因为对绝对的认识本质上就是进程，也就是道路，所以检验绝对认识的检验活动，这种认识活动就绝不能被理解为某种"手段"，既不是作为可供使用的"工具",也不是现成的"媒介"。显现着的知识之展现,作为无条件的先验—系统的科学,就是意识的经验本身展开之所向:适合于它的以太。这种科学的显现不沉迷于随意的、在某种不确定领域中突然出现的外观,科学的显现是经验之自行展现活动,经验——从其本质出发,即通过转化——为这种活动打开意识之显现的领域,同时也必然规定进程之开始,进程之进展和显现进程之一切先行的目标(参见,序言,关于"经验",第 32 页)。随着绝对意识本身已经先验地从外化状态转回到其自己本身,无条件之物的制约恰恰也同时显现。意识显现,或者说,从自身出发以某种"外观"出现,以此返回自身之中。它通过沉思表明其本身之所是的概念 λόγος(逻各斯)。意识就是 φαινόμενον,显现着的东西,以那科学的方式作为 λογία(捐献),意识就**是**作为"现象学"的意识。而由于意识是**显现着的**知识,绝对地认识自己本身的**精神**,所以现象学本质上就是"精神**的**现象学"。意识在其显现的**进程**中,因为通过返回而突显自身,所以本质上就是一种"回转"(Umkehrung)。而如果回转是我们"旁观"(Zusehen)的"附加行为"(Zutat),那么这种附加—行为就不是意识所陌生的附加"行为",附加行为只不过是使旁—观之最内在的本质得以践行。附加行为是旁—观之首要的或最高的方式,一开始就这样去看,就是说,看或关注这样的情况,即绝对被当作绝对,于是只有绝对而不是随便其他什么东西显现出来。"意识的经验"就是"精神现象学",而"经验"只不过是自行展现着的,即作为科学的经验,"意识的经验的科学"就是"精神现象学的科学"。

我们现在才有能力关注这两个标题的隐秘形式。"意识的经验的科学"这个标题,首先或不假思索地给我们标明了某种"关于那种"经验的科学,经验是"关于那种"意识而形成的。我们把两个属格思考为宾语属格,并通过钉牢第一个词"科学"的内涵来理解标题。而如果我们现在还记得对"导论"的讲解,那么我们就知道,意识本身自发地就要求或发生经验,或者说,这种自行发生着的经验必然展现为科学。据此,我们必须从最后一个词出发反向①来理解标题。这种"回转"同时表明,属格不是作为宾语属格,而是必须被思考为主语属格。意识是主体,经验之承载者;这种经验是科学的主体,而这个主语属格——在这里"意识"这个词不仅在语法上或逻辑上,而且依其形而上学的本质内容就是"主体"——是一种"加强意义"上的主语属格;因为意识是"自我意识"意义上本质性的"主体";而其本质在于,它通过同时成为他物,也就是认识客体的方式而认识自己本身。与标题中通过"意识"这个词本质性提到的主体性相关,主语属格据此绝不可能是那种日常意义上的,毋宁说,它因为主体始终与客体相关,同时也是一个宾语属格。因此,标题必须这样来思考,即,属格首先以给予着尺度的方式,被理解为主语属格,然而这包含着,同时将其理解为宾语属格。只是,如果我们认为,属格必须既被思考为"主观的"又被思考为"客观的",我们就还没有涉及标题之真理的核心,关键在于认识到,这样既达不到对标题首先所倾向的"正题的"说明(在宾语属格的意义上),也达不到"反题的"解释(主语属格的意义上)。这里有待思考的属格是"合题的",但不是上述两方面补充性地靠近,而是原始地思考为两者之统一的根据。而其统一的这种根据就是"经验"本身之本质,显现着的知识或意识,在经验中本身通过其显现而显现为"科学"。这里有待思考的"属格"是原始的综合的,即"辩证的—思辨的"属格,这部著作的话题到处都以这种方式在言说。

严格说来,谈论这种意识之本质的关系,即谈论近代形而上学所思考的现实之现实性的表达形式,根本不是"语法的"形式。按照黑格尔,总只能"说出"共相并自动离题的表达形式,没有能力去言说那种在与精神之一切外现相反的方向上,即,着眼于其返回其自身而要去思想的

东西。因此,表达形式必然会在真理中有待去思想的"意识本身"面前消失,更准确地说是这样的,就像作为言说,它在声音之宣表方面与这种宣表一道逐渐减弱至消失。黑格尔在其实质性部分是为起草《精神现象学》做准备的"耶拿讲座"中曾说到道:"表达形式和它表面上要消失一样,必然在意识本身之中逐渐消失。"①

所以,我们要想理解《精神现象学》之首要的、权威性的表达,即其最初所选择的并在"导论"中解释的标题《意识经验的科学》,只有当原文以及从这原文出发首先导致的理解对我们真正地消失在知识中才行。但这种消失必须通过"让消失"而自行发生,这种"让消失"就发生在经验中,绝非仅仅对"属格"的说明,无论各自还是共同被理解,就足以把握本质性的东西。但**由于**思想家之思想的表达形式是这样的,这种形式不沉迷于随意性,而是受某种严格的约束,一切对所说明或描述的对象的简单衡量都永远落在其后。

黑格尔为什么去掉了《意识经验的科学》这个标题呢?"经验"这个词沿着非思辨的,即"经验性"的使用方向,还会对他施以重负吗? 只是,"经验"(Erfahrung)和"经验活动"(Erfahren)这些词不断地——更确切地说,在"导论"的意义上——转回到《精神现象学》著作的进程中,诸如此类的词在导论**之后**所写的序言中(Hoffmeister,第 32 页)用斜体字印刷(直接的东西作为未被经验的东西)。所以这个词及其所意指的内容,不可能与精神本身及其"现象学"相悖,而它的确也不与之相悖。"精神"究竟是什么呢? 黑格尔没有以自己的话结束他的第二个或最终的体系,即"百科全书—体系",而是用了一个希腊文本,那些话引自亚里士多德《形而上学》第 Λ 卷(第 7 章)。这句话说出了西方形而上学的开始,黑格尔把他自己的工作理解为其完成,在这句话中,黑格尔让

---

① 黑格尔,《耶拿时期的实在哲学 Ⅰ》,出自 Johannes Hoffmeister 出版的原稿,Leipzig1932 年,《黑格尔 1803/04 年的精神哲学》,参见,第 235 页。参见,同上后文,第 Ⅱ 卷(1931 年),《耶拿时期的精神哲学》,第 183 页。

从其发端的西方形而上学的精神自己言说精神之所是,精神就是 νοῦς (努斯)。而关于 νοῦς 之"现实性",黑格尔引用的亚里士多德的话是: ἡ γαε νοῦ ἐνέεγεια ζωή(Λ7,1072b 27)。[①] "那自发地劳作着的,也就是说,对一切在场着的东西之在场状态之觉察的在场,就是生命"。近代翻译为:"精神之现实性就是生命"。

2. 黑格尔经验概念的指导原则

现在我们知道:意识是显现着的精神,因而是在其自行—显现中的"生命",而如果"经验"通过意识之本质得到规定,其本质产生于"生命"的本质,那么"经验"就属于生命。活"命"无非就意味着在生命之经验中体验。如果我们追思这种关系,那么就不再可能对此陌生,即,在黑格尔的"经验"概念中,恰恰由于它被先验地理解,所以非经验性的、思辨的精神之经验活动就意味着,隐蔽而散落了的"经验"之本质要素进入到光天化日之下。现在我们要尝试着遵循简明的指导原则,列举在黑格尔的经验概念中出现的本质要素:

1. 经验是 pervagari(游走)——对进程进行一种彻底衡量。

2. 这种进行衡量的经验活动不表现为所行进的道路,而是在经过时才展开的有待穿行的进程。

3. 在衡量—展开中的经验活动是 πεῖρα(经历、经验)之原始意义上的经验,这种经验意味着通过瞄向就此而出现的,即显现的东西自行进入到某物。自行进入到……仿佛"接纳"竞赛的对手,每次都这样或那样带来决定。经验是与某物进行争辩,就**相互**争辩(Aus *einander setzung*)本质上让相互—**分而**—被设立的东西(*Aus*-einander-Gesetzte)显示,也就是,让其得以显现而言,它是"辩证的"。

4. 由于这种通过显现而自行进入到某物,经验活动设定就此出现

---

① 依吴寿彭译《形而上学》,这句话的意思是:生命本为理性之实现。——译者

着的(新东西)与以前的东西的关系。经验是考量、考验或检验。
ἐμπειρία(经验)就是在 πεῖρα(经历、经验)中发动或行进或驻留,是参与着检验的旁观。

5. 然而,由于自行进入每次都贯穿着某种决定,经验每次都在某个方面进行修正;因此,处于经验中的决定表现为超越正确或不正确,超越真或不真的决定。经验,由于是修正活动,所以每次都使一个新的真实的对象产生。

6. 经验并不自发形成,经验始终是由**我们**自己以某种先行着手的方式形成。经验活动本身特意在其领域中走出来,作为那样一种筹备绝非偶然地去获取知识,而是一种 experiri(验证),一种 experimentum(试验)。当经验之先行活动取得对现象发起强力进攻的特性时,经验就造成了近代技术干预意义上的"实验"。经验活动通过进入到某物,同样每次也使得先行获得的东西"在某物上冒险"。经验活动不仅是考量或检验,而且同时是一种冒险。

7. 通过冒险和自行进入,经验活动介入显现者之中,更确切地说是以这样的方式,即这种介入直接促成显现者之显现。干涉或抓取着的制造,效劳于显现活动的制造,是劳作的本质,经验就是本质性的劳作。如果经验是意识的经验,而这种经验本身自为地就是概念的话,概念本身就必然是"劳作",因此,黑格尔多次谈及"**概念之劳作**",他借此指的不是思想之身体的一灵魂的努力或辛劳,而是先行把握的本质形式,这种把握按这种形式接收附加行为的功业并服务于"回转"。

8. 经验之劳作特性不是排除而是包含着这一点,即,在一切经验和形成一经验的活动中,都有一种忍受或遭受的意义上的"经受"。经验活动遭受那向之提升并无论如何都要进入其中的暴力,经验之财富通过造成痛苦的力量得以规定。

9. 与经验的这种"经受"环节一致,经验是"痛苦的"。经验的痛苦不是其本身作用于我们身体—灵魂之状况而产生的结果,痛苦毋宁说是经验最内在的本质,所有前面提到的环节都因之而获得其统一和规定性。痛苦是本质性的意识或知识,痛苦是知识之本质,就这种知识不断地通过每一次经验都包含着的修正而形成一条通道而言。每一次经验,本质性地理解,都是失一望,它使以前所坚守的表现为不可坚守的,我们借某事情而形成的所谓"好的经验",也同样是一种失一望(Ent-täuschung)。①我们在那样一种情况下"惬意地"失一望。可是,难道没有什么经验不是"痛苦的"吗? 然而,**每一次**经验都是一种痛苦,痛苦在意识被置身于经受失望之必然性的意义上,是意识通向自己本身之真理的唯一道路。由于意识就是自我意识,它绝非漠不相关地将其自身与它自己区别开来,而是说,它的这种有差别的本己存在,只不过就是它本身同时作为对于他物的他在。意识自身中这种多重统一的差别性本身,以绝对他在的方式的本己存在,是分裂的本质根据,在意识的每一个阶段上显现,只要它没有成为绝对意义上绝对的东西。因为通过转而外现并从自身返回的经验经受意识之分裂,于是它作为这种分裂的知识就是痛苦本身。(关于分裂,痛苦和否定性之劳作,参见,序言,第29页,特别是第20页关于绝对之本质。关于"痛苦"同样参见,"信仰和知识"的结尾处,Ⅰ,第157页。经验作为勇敢——认识着的勇气。)

经验作为经验都是痛苦的,因为它作为经验是"坏的经验",即那样一种经验,在其中表现出否定之暴力的坏(不是道德上的恶劣)。显得"好的"或"惬意的"经验,本质上理解,同样是"坏的"。

经验有如此深不可测的本质。只要黑格尔把意识之显现活动理解为本质性的失望之进程,他就必然要遇到经验的这种本质,它是生命本身之本质。

---

① "Enttäuschung"的意思是"失望",海德格尔拆分为"Ent-täuschung"。"ent-"是"开始"、"分开","täuschen"是"落空"、"弄错"的意思。——译者

与经验的这种充实的概念相反,由经验得来的或经验主义者的经验概念,仅仅是从前新鲜的汤药变了味又干枯了的沉渣。

然而,黑格尔让"意识的经验的科学"这个标题消失掉了。"经验"的完满本质对于他来说,难道不是统一地当下得到了满足,因而才能够作为指导原则或标题发挥作用吗? 为什么删除了这个标题呢?

我们不知道。

它对我们仍然保持为某种沉思的陌生障碍,这种沉思由此而在与绝对形而上学之争辩中被撞见,于是在分裂的痛苦中与之一道被酝酿,这就足够了。

V. 绝对形而上学
（针对"导论"第 16 节的构思）

1. 本质的东西，对象性与"科学"

《精神现象学》是显现着的绝对**被把握的历史**，"就[……]其被把握了的组织结构而言"是精神的历史（参见，著作结尾）——也就是说，它的系统——体系。在一个唯一的意识中**共处的东西**，就**是**无条件的自我意识，或者说，它通过这种自为的共处而存在。

系统的"形式"不是强加给意识的壁垒（"空的组织结构"——根本没有这样的东西），毋宁说，这种形式本身就是意识之隐蔽的本质形态，也就是说，为其自己本身（新的真实的对象）的对象性。

在这种**对象性**中出现的恰恰不是意识**的**形式，而就是**它本身**作为"形式"——作为"我思"的最内在的本质。

组织结构的形式和**否定性**。否定之否定。

这里的决定深深地隐藏着："意识"或对象或对象性，根本上通过绝对的优先性而存在并活动着。

真理作为确定性。存在作为理念或范畴。*存在*作为对象性或"理念"。——存在和思想。

2. 概观 1

"感性确定性本身"只"是""其经验的这种历史"。

其真理，即其确定性，即与之相应的意识之自我确定性，在于让新的真实的对象产生的"运动"（μεταβολή）（导论，第 14 节）。

（这里的"运动"是以放在一前面的形式表—象性的，即表—象活动作为自行—去—表—象活动的表—象着的突变［ἐæ-εις］［从……出来——进到……中]。——"运动"不是"位移"。)

对象 1. 新的;2. 真实的。

经验——不是在某个"另外的"对象上,而是就在同一个上,就是说,这一个在经验中作为另一个被制造出来。

作为直接的知识的感性确定性之真理是**中介**。

新的真实的对象之对象性是**中介性**(否定之否定)。

对象性(无条件的先验的)就是"否定性"。"**否定性**"如何与首先由康德规定的**对象性**相关:

$$\text{对象性和} \qquad\qquad \text{否定性和"否定"}$$

$$\text{"反思"}$$

$$\text{"思想"} \qquad\qquad\qquad \text{"思想"}$$

对象性和确定性。确定性和"科学","科学"及其证明:作为让其概念的显现。科学和体系。

3. 绝对的光线　概观 2

"体系"和"对象"——("共一处"),先验演绎第 16 节。

《精神现象学》和逻辑学(参见,《逻辑学》1812 年,第 X 页)。[①]

"导论"——认识之检验——认识作为"工具或手段"。——认识作为"道路",作为进程,作为"**运动**"。

现在清楚了:认识作为"经验的**运动**"。而这种经验作为确定性——本身是绝对的"真理"。道路就是真理本身——通过其显现和看起来像而显现着的真实。这种看起来像的东西是绝对本身的光线。光线,它触及"我们"——"我们",先验的无条件的追问者,即旁一观

---

① 版本参见前文第 66 页注释 4。——在 Georg Lasson 版(Leipzig 1932 年)第 I 卷,第 29 页。

者——在展望新的真实对象的"附加—行为"中的旁观者。

"行为"仅仅是践行已经发生的事情。

4. 精神现象学

黑格尔——笛卡尔(对象性及其真理的统一)。

参见,《现象学》,"导论",结尾段落和《逻辑学》1812 年,"导论",第 X 页以下。[1] 在那里,黑格尔说:"在《精神现象学》[请注意简化了的标题](班堡和伍茨堡 1807 年)中,我展现了意识从其最初直接与它和对象对立一直到绝对知识之进展运动,这条道路贯穿了**意识与客体之关系**的所有形式,并获得了**科学的概念**及其成果。所以这种概念(且不说它在逻辑学本身的范围产生)在这里无须论证,因为它本身就包含着论证;再没有比仅仅通过意识更能形成这种论证了,意识之特有的形态完全消融在上述[概念]中,正如消融在真理中那样。"

这里清楚地表明,**纵然**精神之诸形态的一切残余,确实都**遵循着**这种先验的变化,笛卡尔的追问愈加或真正地完成了。"科学"=绝对知识的知识:作为现实性本身的无条件的确定性。而这种现实性就是无条件之思想(我思)的**对象性**。

5. 运动

说明"运动"的概念非常重要

1. 从 πεταβολή(变化)出发

2. 着眼于表—象,旁观—附加行为,回—转

3. 连同扬弃一起考虑

4. 着眼于作为"道路"的认识,精神——进程

---

[1] 版本参见前文第 66 页注释 4。——在 Georg Lasson 版(Leipzig 1932 年)第 I 卷,第 29 页。

5. 作为"变化"的规定

6. 来—这里—发生的东西(Das Bei-her-spielen)[①]

通过**直观之本质**个别化:**直接被表—象的个别物**,a)从**对象**出发;b)通过**放走**(Loslassung)的方式。

在一切意识中本质性地**特殊化**——通过"反思"和显现。

康德的一切综合判断的最高原理和黑格尔《法哲学》序言中的名言,以他们各自的方式说出了两方面的意思,存在就是现实性,即对象性,真理就是确定性。

7. 检验

"**检验**"(Prüfen)——经验——无条件的先验回转。

黑格尔并不否认先于绝对之完成了的绝对知识而先行对绝对认识的**检验**,但其本质是不同的形式,**那就是**,通过光线触及自己——追随光线。

所以反过来:绝对,被绝对击中或引导,跟随绝对。**回转**(Umkehrung)。

8. 存在—神学的特性

形而上学的存在—神学特性的根据之所在(光线)。正如出自 τò γαρ αὐτò νοεῖν ἑστίν τε ϰαì εἶναι(因为思想和存在二者是同一的)的来源。

*

德国观念论的绝对形而上学并没有草率地超越界限,而是严肃地

---

① beiher 是"顺带"的意思,拆成 bei-her 就是"来—这里",spielen 是发生、游戏、上演的意思,Bei-her-spielen 是来—这里—发生的事件。海德格尔这一段主要表达随着意识与意识相对而立,被意识放在前面的对象及对象性或现实性。——译者

践行被交付的使命。不是**草率**,而是最高的谨慎,首要地或明确地坚持思考这里所给予的一切东西(无条件的东西)。

另外一点非常谨慎之处在于存在之历史性的思想,只有从这样的思想出发,才能弄清绝对形而上学的本质。

9. 回转

思想者(人)被光线所触及并通过这种触及,完全只有遵循这光线,他才可能去思考绝对。

思想者自发地奉献给绝对,并在**那样一种**形态中形成他的认识。

而这种认识反过来当然就是照射思想者的真理之光线。

所以这个思想者,为了真实地去认识,就必须追随这光线。

所以他必须进行某种回转——而他将做到什么程度,这就要看绝对本身所必然要求的是什么,在其进程中所要展现的是什么?

10. 德国人和形而上学

因为德国人可以进入历史性瞬间,在其中,他们必然专注那作为其自己的东西而对之所期待的。这种自己的东西只能通过本质性的争辩而被占有,争辩才使本质性的东西成为值得追问的。直到今天,德国人与德国观念论形而上学的关系仍然纠缠于非此即彼之中,其历史性的原因可能在这里被跳过。要么盲目地=不理解地拒绝绝对形而上学,要么同样盲目地重复或以恶劣的形式粉饰时代需求。

沉醉于这种非此即彼之中,包含着没落的危险。

11. 绝对和人

绝对不会被拖入知识之辛劳和痛苦之中。参见,谢林Ⅶ,第

135 页。[①]

并没有**给出**什么,而是除去了偶然的东西。多余的东西——人本身的本质。

这种本质是什么呢?从何或如何来规定?人**如何**存在?他向来都**在**其本质**中**存在,还是说只不过在达到其本质的途中?从何处或怎样来标画?

12. 反思——反冲——回转

"意识之回转"是我们的附加行为,现象之**序列**由此而回转。

序列不是**为**我们所考察的意识的,而是"为我们的"。

但我们是**谁**?哲学思想者。哲学——无所不包或无处不在。

诸现象序列之回转("意识之本质形态的全部顺序");经验不是由我们"造成",而是被我们所接受——但是要通过回转。

由作为先验的经验所要求的,即出自**反思**之本质的这种回转却是**必然的**。

只是这种必然的回转——其必然性本身是"**为我们的**"。

但却不真的是纯粹地"**通过**"**我们**。

13. 筹划和回转

哲学并不首先形成与绝对的某种关系,而是**自失**于这种已经存在的关系中。自失就是他的附加行为——而不是什么都不做。

自失(Sichvergessen)——让光线起作用。**被照射,成为**某种**光线**——而这种光线**在展示中照亮自己**。

随着这种光线,思想者走向自己。所以,他在自身之外并走近或带

---

① F. W. J.《谢林全集》,由 K. F. A. 谢林出版,Stuttart,Augsburg 1856—1861 年。

给他自己。

在自身之外——在**筹划**中。筹划**什么？显现着**的东西——"对象"。**如何,向何处**筹划？其**对象性**。

表明"是什么"——外加"如何"。但**如何**只能通过或遵循其显现的方式。

14. 经验作为先验的

意识的经验之可能性和必然性居于作为"反思"的这个意识本身之中,绝对本身**想要**通过反思展开其真理。它的这种意愿——现实性。

这种"反思"是自己的光在自身中的反射,所以就是**自行显示——发光。光线**就是反思。

我们的认识活动——一种"回转",是由"反思"本身所要求的。

"**经验**"就是运动,是**被意识的**经验着的精神之本质,是作为绝对之本质经验的**历史**的**哲学**本身。

经验是精神面对而立着的**对象性,显现之显现性本身**。

意愿之意图——真实之现实性。

"意识本身"就是在这种经验中"把握"或者说就是"内容"。**被经验的东西是为意识的。**

那种无条件的知识本身就(展现)要求意识的经验,因此——意识的经验。

15. 谢林和黑格尔的形而上学

谢林和黑格尔的形而上学,经过康德先验哲学的影响[?]或本质性提纯,是向莱布尼茨的回返,虽说,其形而上学现在在在先验的—存在性的意义上被形而上学地理解。

16.《现象学》和绝对

结论：参见，第 13 节.

问题：《精神现象学》失去了体系中权威性的角色意味着什么？

如果体系就是绝对本身——**这样**绝对就还不是其**完成了的赦免**！而这种绝对性至关重要，因为存在之遗忘通过**绝对**确定性就完成了！一切都打发掉了，也就是说，再也没什么了。

关涉到"人"。在**何种**意义上？（参见，关于谢林，人神同形同性论）关系的绝对本质。

人和存在。

17. 与黑格尔争辩

1. 意识，因此。

2. 先验的东西——存在作为对象性，旧的不真实的对象——现实性作为理念。

3. 真理作为确定性。

4. 人作为主体——自我意识。

5. 最具存在性的东西——绝对；
   主体性作为无条件的主体—客体。

6. 体系和历史编排。
   绝对形而上学和技术。

7. 新的真实的对象，即存在者性质作为被意识到的存在者性质，就是表—象活动的对象。
   摆到—自己—面前——认识着的意志——存在作为意志。绝对**想要**在我们近旁。

8. 否定性和作为存在的存在者之真理。

18. 黑格尔(结论)

绝对形而上学,无条件的思辨和"**经验**"。

经验(参见《百科全书》第 7/ 8 节)近代的**原则**。人的在近旁—存在(Dabei-sein);不仅"也"在近旁,而且是证明的根本判决——先于洞察——显而易见的事实。参见第 37 节及以下,"经验主义"。

主体性。作为近代形而上学的绝对形而上学。**经验**不是"实证主义"或盲目的感性或"事实",而是本质意义上的**确定性**。

人——神人同形同性论,参见,谢林。

人与"存在者"。

附录: 针对 I ～ IV 部分的附件("导论"1～15 节)

1. 辩证法

辩证法(参见,作为例子"感性确定性",第 20 节)作为**意识**之显现的**对象性**(即真理)的名称,是**在言说中被说透**,λόγς(逻各斯)- διά(通过、穿过、透过)。**柏拉图式的**—先验的,而不是康德的先验辩证法。

2. 我们的附加—行为

我们的附加—行为(Zu-tat)就是明确地践行旁—观,也就是说,践行那承载着、引导着或敞开着它的**朝着 …… 向—外—看**(Hin-aus-sehens auf ...),**明确地践行**那在意识本身中存在并活动着的、先验的**我统一,我联结**。

而先验的东西本身回转性地被意指——(本来就在自身之中)**反—思**。这个"反—"不是外加的,而是已经在 *repraesentare*(**再现**)隐藏着的。

3. 回转——本来的四个本质环节

作为**转向**(Drehung)——先验的

作为**转变**(Wendung)转而外现

作为**返回**(Rückkehr)从这种外现返回到**先验地**被看到的**无条件性**中

作为**返回**(Rückkehr)——先验的东西之**突显**

4. 经验作为意识之本质的中间环节

"经验"不是作为程序，而是作为意识之本质的中间环节：它是在"运动"中或作为运动的"反思"，是生命，精神。

"经验"，意识通过自身而造成的经验，是从"为它"到"为我们"的**过渡**或重新返回；而返回发现一个另外的对象（"为我们的"中"我们""是"在其先验的真理中的意识之本质）。

失—望——消失。

"过渡"——本质性的事情就"是"不断地经受这种来来回回的运动。

这种运动不是其他之中的一种行事方式，而是意识之真正的本质，本身是存在—存在论意义上的运动。

所以最初的第一步：迈向作为自我意识的意识的一步。第二步或真正的一步是：将"我思"**把握**为先验的。**返回到**作为**先验的转向的自我意识**。

先验的转向作为隐蔽的真理或意识在其偶然的历史中每一次返回其自身的根据。

编者后记

眼前的两篇论文被海德格尔编入《全集》中的一个独立的黑格尔卷,两者在时间和内容方面都共属一体。尽管其部分残缺不全,虽然两个文本的少许段落中包含着因面向大众做报告的口语化痕迹,海德格尔在编排其遗产时,还是明确把它们作为**论文**而安排在《全集》的第三部分。

1938/1939 年关于《否定性》的论文涉及一些笔记,它们由各部分串联起来,但可以形成一个连贯的理解。这是些不同的草拟计划,它们从详尽的划分——在这些划分中,偶尔还会读出某种词句韵律——经过清楚编了号的思想轮廓的"概览",一直到"思想随笔"交替更换,正如我想要指出的那样,这是一些概念的简明扼要的展开,或者说,是简单地着手提出各种不同问题以及偶尔摸索着的回答。所以,这些笔记呈现出一副海德格尔创作工场的精美画面,有助于我们了解其思想、追问和解释工作。

1942 年对黑格尔《精神现象学》的"导言"的阐释,展示了另外一幅画面。这里我们有一个连续的文本,它把黑格尔"导言"的 16 段分为五大部分并——按照预先的考察——跟随文本详尽解读。只有冠以"绝对形而上学"标题的最后一部分没有完成,而是以前面所说形式由思想概要组成。

虽然为口头讲座而进行的文本润色在某些段落中显而易见,但至少就关于《否定性》的文本而言,我们并不清楚,海德格尔出于怎样的具体动机或为他哪个听众圈子进行完善——当然,文本是否每次都以这种形式登台亮相,也不很清楚。关于海德格尔研讨活动的各种材料(讲座一览表,亲笔目录,教科书)不得而知。在 1938/1939 年冬季学期,海德格尔并没有主持高级讨论班,而只是为初学者开了一个有关尼采文本的研讨班。

关于《否定性》的笔记可能是为一个很小的同事圈,即所谓的哲学"小型茶话会"准备的,讲话明显适合于那些相当熟悉黑格尔哲学并研究过黑格尔《逻辑学》的听众。

或许面对这个同事圈的讲座,确实是写《对黑格尔〈精神现象学〉'导论'的讲解》的动因,我们在海德格尔本人1950年出版的《林中路》中发现了一些暗示。这本书以《黑格尔的经验概念》为标题,同样包含着一个对《精神现象学》之导论的解释,尽管笔法完全不同。在"说明"中海德格尔写道:"本文的内容以一种更多是说教的形式,在1942/1943年关于黑格尔的《精神现象学》和亚里士多德的《形而上学》(第Ⅳ卷和第Ⅸ卷)的研讨中详细讨论过,同时也在两个小范围的报告中阐述过。"(全集第5卷,第375页)

两部手稿和很多其他手稿一样,都是由弗里茨·海德格尔抄写的。海德格尔在1941/1942年冬就完成了《否定性》的抄本,估计是为了上述意图,并备有手写附录。大部分缩写的参考书目,为了充实对书目的说明,在这里被印刷在了脚注中。或许是由于疏忽,《对黑格尔〈精神现象学〉"导论"的讲解》附件中有完整的三页手稿,弗里茨·海德格尔没有像其他部分那样一起抄上,它们涉及"意识的发—动"那一节,与第Ⅲ章结尾非常相合并极有可能是为此而写的。

为了出版,两部手稿都被认真细致地阅读,或者说甄别过,都与手头已有的抄本进行过对照。补充了省略的地方,校正了阅读错误,将后加的内容作为脚注补入。

两部手稿中的分节是预先确定的。《否定性》的各个段落都在五大部分中被逐一编号,并且——如果个别没有现成的——还配上了标题(实质性的提示句),附件也同样如此。

继《对哲学的贡献》(全集第65卷)之后,现在的这一卷是第Ⅲ部分出版的第二卷。与第Ⅱ部分的讲座不同,在那里,按照作者的意愿,应该补救那些口头报告中的小瑕疵以利于精细组织文本,对于第Ⅲ部分的文本来说,则更加严格地紧扣手写草稿。由于面对大量的思想随笔,这就意味着,句子中的每一次着重强调,每一个引用标记都要被接纳,即使这方面明显有重复的地方,大量的着重强调和引证标记属于作者的写作风格。

原始资料的出处大部分是由海德格尔本人指明的,为了进行必要的目录补充,我们以海德格尔所使用的他自己的藏书中的手本,以及弗莱堡大学哲学研讨班的手本为根据。个别情况下,引文也得到补充。

我想衷心地感谢海尔曼·海德格尔博士,弗里德里希·威廉·冯·海尔曼教授和哈特姆特·提金博士,感谢他们在文本甄别、结构问题和资料搜集方面一贯友好和热心的帮助以及他们的关键性审查。我同样感谢克劳斯·雅可比教授和研究候选人马克·米切尔斯基先生,感谢他们指出了几处很难找到的引文。

斯图加特,1993 年 6 月。

英格丽特·舒斯勒

重要词语德—汉对照表

Auseinandersetzung 争辩

Negativität 否定性

Sein 存在

Seyn *存在*

Grund 根据

Abgrund 失据

Nichts 虚无

Nicht 无

Nichtheit 虚无性

Nichthafte 虚无性的东西

Nichtigkeit 空虚性

Nichtsein 虚无性存在

Nichtung 无化

Nichtend 无化者

Nein 不

Verneinung 否定

Verneintheit 被否定性

Negative 否定的东西

Gedankenlosigkeit 无思想性

Standpunkt 立足点

Anderssein 他在

Entäußerung 外现

Ab-bau 拆—除

Ab-sage 取—消

Wirklichkeit 现实性

Lichtung 空敞

Vernehmen 觉察

Zu-sich-selbst-Kommen
　　　　自我实现

Bedingten 有条件的东西

Unbedingten 无条件的东西

Bedingnis 制约

Stimmung 感应

das Seiendste 最具存在性的存
　　　在者

Unterschied 差别

Unterscheidung 区别

Scheiden 分别

Entscheidung 决定

Leben 生命

Ereignis 发生的事件

Anfang 开端

Erfahrung 经验

Fahren 发动

Gang 进程

Gehen 行进

Durchgang 穿行

Durchmachen 经受

Aufzeigen 指示

Bewußtsein 意识

Entstehen 生成

Entstehen-lassen 让—生成

Selbst 本己

Ich 自我

Umkehrung 回转

Rückkehr 返回

Zusehen 旁观

Zutat 附加行为

Formelle 定式

Bewegung 运动

Sichvergessen 自失

Prüfen 检验

Wissenschaft 科学

die Wissenschaft 科学

《当代学术棱镜译丛》
已出书目

媒介文化系列

第二媒介时代 [美]马克·波斯特

电视与社会 [英]尼古拉斯·阿伯克龙比

思想无羁 [美]保罗·莱文森

媒介建构：流行文化中的大众媒介 [美]劳伦斯·格罗斯伯格 等

揣测与媒介：媒介现象学 [德]鲍里斯·格罗伊斯

媒介学宣言 [法]雷吉斯·德布雷

媒介研究批评术语集 [美]W.J.T.米歇尔　马克·B.N.汉森

解码广告：广告的意识形态与含义 [英]朱迪斯·威廉森

全球文化系列

认同的空间——全球媒介、电子世界景观与文化边界 [英]戴维·莫利

全球化的文化 [美]弗雷德里克·杰姆逊　三好将夫

全球化与文化 [英]约翰·汤姆林森

后现代转向 [美]斯蒂芬·贝斯特　道格拉斯·科尔纳

文化地理学 [英]迈克·克朗

文化的观念 [英]特瑞·伊格尔顿

主体的退隐 [德]彼得·毕尔格

反"日语论" [日]莲实重彦

酷的征服——商业文化、反主流文化与嬉皮消费主义的兴起 [美]托马斯·弗兰克

超越文化转向 [美]理查德·比尔纳其 等

全球现代性：全球资本主义时代的现代性 [美]阿里夫·德里克

文化政策 [澳]托比·米勒　[美]乔治·尤迪思

通俗文化系列

解读大众文化 [美]约翰·菲斯克

文化理论与通俗文化导论(第二版) [英]约翰· 斯道雷

通俗文化、媒介和日常生活中的叙事 [美]阿瑟·阿萨·伯格

文化民粹主义 [英]吉姆·麦克盖根

詹姆斯·邦德:时代精神的特工 [德]维尔纳·格雷夫

消费文化系列

消费社会 [法]让·鲍德里亚

消费文化——20 世纪后期英国男性气质和社会空间 [英]弗兰克·莫特

消费文化 [英]西莉娅·卢瑞

大师精粹系列

麦克卢汉精粹 [加]埃里克·麦克卢汉　弗兰克·秦格龙

卡尔·曼海姆精粹 [德]卡尔·曼海姆

沃勒斯坦精粹 [美]伊曼纽尔·沃勒斯坦

哈贝马斯精粹 [德]尤尔根·哈贝马斯

赫斯精粹 [德]莫泽斯·赫斯

九鬼周造著作精粹 [日]九鬼周造

社会学系列

孤独的人群 [美]大卫·理斯曼

世界风险社会 [德]乌尔里希·贝克

权力精英 [美]查尔斯·赖特·米尔斯

科学的社会用途——写给科学场的临床社会学 [法]皮埃尔·布尔迪厄

文化社会学——浮现中的理论视野 [美]戴安娜·克兰

白领:美国的中产阶级 [美]C.莱特·米尔斯

论文明、权力与知识 [德]诺贝特·埃利亚斯

解析社会:分析社会学原理 [瑞典]彼得·赫斯特洛姆

局外人：越轨的社会学研究 [美]霍华德·S.贝克尔

社会的构建 [美]爱德华·希尔斯

多元现代性 周宪 [德]比约恩·阿尔珀曼 [德]格尔哈德·普耶尔

新学科系列

后殖民理论——语境 实践 政治 [英]巴特·穆尔-吉尔伯特

趣味社会学 [芬]尤卡·格罗瑙

跨越边界——知识学科 学科互涉 [美]朱丽·汤普森·克莱恩

人文地理学导论：21世纪的议题 [英]彼得·丹尼尔斯 等

文化学研究导论：理论基础·方法思路·研究视角 [德]安斯加·纽宁
[德]维拉·纽宁主编

世纪学术论争系列

"索卡尔事件"与科学大战 [美]艾伦·索卡尔 [法]雅克·德里达 等

沙滩上的房子 [美]诺里塔·克瑞杰

被困的普罗米修斯 [美]诺曼·列维特

科学知识：一种社会学的分析 [英]巴里·巴恩斯 大卫·布鲁尔 约翰·亨利

实践的冲撞——时间、力量与科学 [美]安德鲁·皮克林

爱因斯坦、历史与其他激情——20世纪末对科学的反叛 [美]杰拉尔德·霍尔顿

真理的代价：金钱如何影响科学规范 [美]戴维·雷斯尼克

科学的转型：有关"跨时代断裂论题"的争论 [德]艾尔弗拉德·诺德曼
[荷]汉斯·拉德 [德]格雷戈·希尔曼

广松哲学系列

物象化论的构图 [日]广松涉

事的世界观的前哨 [日]广松涉

文献学语境中的《德意志意识形态》[日]广松涉

存在与意义（第一卷）[日]广松涉

存在与意义（第二卷）[日]广松涉

唯物史观的原像 [日]广松涉

哲学家广松涉的自白式回忆录 [日]广松涉

资本论的哲学 [日]广松涉

马克思主义的哲学 [日]广松涉

世界交互主体的存在结构 [日]广松涉

国外马克思主义与后马克思思潮系列

图绘意识形态 [斯洛文尼亚]斯拉沃热·齐泽克 等

自然的理由——生态学马克思主义研究 [美]詹姆斯·奥康纳

希望的空间 [美]大卫·哈维

甜蜜的暴力——悲剧的观念 [英]特里·伊格尔顿

晚期马克思主义 [美]弗雷德里克·杰姆逊

符号政治经济学批判 [法]让·鲍德里亚

世纪 [法]阿兰·巴迪欧

列宁、黑格尔和西方马克思主义:一种批判性研究 [美]凯文·安德森

列宁主义 [英]尼尔·哈丁

福柯、马克思主义与历史:生产方式与信息方式 [美]马克·波斯特

战后法国的存在主义马克思主义:从萨特到阿尔都塞 [美]马克·波斯特

反映 [德]汉斯·海因茨·霍尔茨

为什么是阿甘本? [英]亚历克斯·默里

未来思想导论:关于马克思和海德格尔 [法]科斯塔斯·阿克塞洛斯

无尽的焦虑之梦:梦的记录(1941—1967) 附《一桩两人共谋的凶杀案》

(1985) [法]路易·阿尔都塞

马克思:技术思想家——从人的异化到征服世界 [法]科斯塔斯·阿克塞洛斯

经典补遗系列

卢卡奇早期文选 [匈]格奥尔格·卢卡奇

胡塞尔《几何学的起源》引论 [法]雅克·德里达

黑格尔的幽灵——政治哲学论文集[Ⅰ] [法]路易·阿尔都塞

语言与生命 [法]沙尔·巴依

意识的奥秘 [美]约翰·塞尔

论现象学流派 [法]保罗·利科

脑力劳动与体力劳动：西方历史的认识论 [德]阿尔弗雷德·索恩-雷特尔

黑格尔 [德]马丁·海德格尔

黑格尔的精神现象学 [德]马丁·海德格尔

生产运动：从历史统计学方面论国家和社会的一种新科学的基础的建

立 [德]弗里德里希·威廉·舒尔茨

先锋派系列

先锋派散论——现代主义、表现主义和后现代性问题 [英]理查德·墨菲

诗歌的先锋派：博尔赫斯、奥登和布列东团体 [美]贝雷泰·E. 斯特朗

情境主义国际系列

日常生活实践 1. 实践的艺术 [法]米歇尔·德·塞托

日常生活实践 2. 居住与烹饪 [法]米歇尔·德·塞托 吕斯·贾尔 皮埃尔·

梅约尔

日常生活的革命 [法]鲁尔·瓦纳格姆

居伊·德波——诗歌革命 [法]樊尚·考夫曼

景观社会 [法]居伊·德波

当代文学理论系列

怎样做理论 [德]沃尔夫冈·伊瑟尔

21 世纪批评述介 [英]朱利安·沃尔弗雷斯

后现代主义诗学：历史·理论·小说 [加]琳达·哈琴

大分野之后：现代主义、大众文化、后现代主义 [美]安德列亚斯·胡伊森

理论的幽灵：文学与常识 [法]安托万·孔帕尼翁

反抗的文化：拒绝表征 [美]贝尔·胡克斯

戏仿：古代、现代与后现代 [英]玛格丽特·A. 罗斯

理论入门 [英]彼得·巴里

现代主义 [英]蒂姆·阿姆斯特朗

叙事的本质 [美]罗伯特·斯科尔斯 詹姆斯·费伦 罗伯特·凯洛格

文学制度 [美]杰弗里·J.威廉斯

新批评之后 [美]弗兰克·伦特里奇亚

文学批评史:从柏拉图到现在 [美]M. A. R.哈比布

德国浪漫主义文学理论 [美]恩斯特·贝勒尔

萌在他乡:米勒中国演讲集 [美]J.希利斯·米勒

文学的类别:文类和模态理论导论 [英]阿拉斯泰尔·福勒

思想絮语:文学批评自选集(1958—2002) [英]弗兰克·克默德

叙事的虚构性:有关历史、文学和理论的论文(1957—2007) [美]海登·怀特

21世纪的文学批评:理论的复兴 [美]文森特·B.里奇

核心概念系列

文化 [英]弗雷德·英格利斯

风险 [澳大利亚]狄波拉·勒普顿

学术研究指南系列

美学指南 [美]彼得·基维

文化研究指南 [美]托比·米勒

文化社会学指南 [美]马克·D.雅各布斯 南希·韦斯·汉拉恩

艺术理论指南 [英]保罗·史密斯 卡罗琳·瓦尔德

《德意志意识形态》与文献学系列

梁赞诺夫版《德意志意识形态·费尔巴哈》[苏]大卫·鲍里索维奇·梁赞诺夫

《德意志意识形态》与MEGA文献研究 [韩]郑文吉

巴加图利亚版《德意志意识形态·费尔巴哈》[俄]巴加图利亚

MEGA:陶伯特版《德意志意识形态·费尔巴哈》 [德]英格·陶伯特

当代美学理论系列

今日艺术理论 [美]诺埃尔·卡罗尔

艺术与社会理论——美学中的社会学论争 [英]奥斯汀·哈灵顿

艺术哲学:当代分析美学导论 [美]诺埃尔·卡罗尔

美的六种命名 [美]克里斯平·萨特韦尔

文化的政治及其他 [英]罗杰·斯克鲁顿

当代意大利美学精粹 周　宪　[意]蒂齐亚娜·安迪娜

现代日本学术系列

带你踏上知识之旅 [日]中村雄二郎　山口昌男

反·哲学入门 [日]高桥哲哉

作为事件的阅读 [日]小森阳一

超越民族与历史 [日]小森阳一　高桥哲哉

现代思想史系列

现代主义的先驱:20世纪思潮里的群英谱 [美]威廉·R.埃弗德尔

现代哲学简史 [英]罗杰·斯克拉顿

美国人对哲学的逃避:实用主义的谱系 [美]康乃尔·韦斯特

时空文化:1880—1918 [美]斯蒂芬·科恩

视觉文化与艺术史系列

可见的签名 [美]弗雷德里克·詹姆逊

摄影与电影 [英]戴维·卡帕尼

艺术史向导 [意]朱利奥·卡洛·阿尔甘　毛里齐奥·法焦洛

电影的虚拟生命 [美]D.N.罗德维克

绘画中的世界观 [美]迈耶·夏皮罗

缪斯之艺:泛美学研究 [美]丹尼尔·奥尔布赖特

视觉艺术的现象学 [英]保罗·克劳瑟

总体屏幕:从电影到智能手机 [法]吉尔·利波维茨基

[法]让·塞鲁瓦

艺术史批评术语 [美]罗伯特·S.纳尔逊　[美]理查德·希夫

设计美学 [加拿大]简·福希

工艺理论：功能和美学表达 [美]霍华德·里萨蒂

艺术并非你想的那样 [美]唐纳德·普雷齐奥西 [美]克莱尔·法拉戈

艺术批评入门：历史、策略与声音 [美]克尔·休斯顿

艺术史：研究方法批判导论 [英]迈克尔·哈特 [德]夏洛特·克朗克

十月：第二个十年，1986—1996 [美]罗莎琳·克劳斯 [美]安妮特·米切尔森 [美]伊夫-阿兰·博瓦 等

当代逻辑理论与应用研究系列

重塑实在论：关于因果、目的和心智的精密理论 [美]罗伯特·C.孔斯

情境与态度 [美]乔恩·巴威斯 约翰·佩里

逻辑与社会：矛盾与可能世界 [美]乔恩·埃尔斯特

指称与意向性 [挪威]奥拉夫·阿斯海姆

说谎者悖论：真与循环 [美]乔恩·巴威斯 约翰·埃切曼迪

波兰尼意会哲学系列

认知与存在：迈克尔·波兰尼文集 [英]迈克尔·波兰尼

科学、信仰与社会 [英]迈克尔·波兰尼

现象学系列

伦理与无限：与菲利普·尼莫的对话 [法]伊曼努尔·列维纳斯

新马克思阅读系列

政治经济学批判：马克思《资本论》导论 [德]米夏埃尔·海因里希

批判理论与政治经济学批判：颠倒与否定理性 [英]维尔纳·博内菲尔德

西蒙东思想系列

论技术物的存在模式 [法]吉尔贝·西蒙东

列斐伏尔研究系列

马克思主义思想与城市 [法]亨利·列斐伏尔

江苏省版权局著作权合同登记 图字:10－2013－549 号

图书在版编目(CIP)数据

　　黑格尔 /（德）马丁·海德格尔著；（德）英格丽特·
舒斯勒编；赵卫国译. 一 南京：南京大学出版社，
2018.3(2025.5 重印)
　　(当代学术棱镜译丛 / 张一兵主编)
　　ISBN 978－7－305－18935－7

　　Ⅰ.①黑… Ⅱ.①马… ②英… ③赵… Ⅲ.①黑格尔
(Hegel，Georg Wehelm 1770－1831)－哲学思想－研究
Ⅳ.①B516.35

　　中国版本图书馆 CIP 数据核字(2017)第 160933 号

本书受国家社科基金项目资助(项目号:09XZX006)

出版发行　南京大学出版社
社　　址　南京市汉口路 22 号　　　　　邮　编　210093
丛 书 名　当代学术棱镜译丛
书　　名　**黑格尔**
　　　　　HEIGEER
著　　者　[德]马丁·海德格尔
编　　者　[德]英格丽特·舒斯勒
译　　者　赵卫国
责任编辑　李　博
照　　排　南京南琳图文制作有限公司
印　　刷　苏州市古得堡数码印刷有限公司
开　　本　787 mm×1092 mm　1/16 开　印张 9.75　字数 130 千
版　　次　2018 年 3 月第 1 版　　印次　2025 年 5 月第 4 次印刷
ISBN 978－7－305－18935－7
定　　价　30.00 元

网址:http://www.njupco.com
官方微博:http://weibo.com/njupco
官方微信号:njupress
销售咨询热线:(025) 83594756